**처음 만나는
교사 교육과정**

**일러두기**

- 외래어 표기는 국립국어원 원칙을 기본으로 삼되 더 널리 쓰이는 표현의 경우 해당 표기를 따랐습니다.
- 책 제목은 『 』, 영화는 〈 〉로 표기했으며, 도서 발행 시기는 현재 유통되는 판본을 기준으로 삼았습니다.
- 본문에 등장하는 아이들의 이름은 모두 가명을 사용하였습니다.

# 처음 만나는
# 교사 교육과정

황혜진 지음

**2022 개정 교육과정** 설계를 위한 주제별 수업 사례

학교
도서관
저널

## 차례

프롤로그 - 출발, 함께 손잡고   7

**1부.
교사 교육과정의
개념과 구성**

① 교사 교육과정이 뭔가요?   12
② 교사 교육과정, 이렇게 구성해요   18

**2부.
교사 교육과정
운영 사례**

**1. 기후 위기 - 나는야 IPCC 국제 기후 위기 대응위원, 지구 지킴이!**
① 교사 교육과정 설계   33
② 프로젝트 수업 A to Z   38
◇ 지구를 품은 교실, 사랑하는 지구를 지켜요   55

**2. 감정 - 나는 마인드 리딩 심리상담센터 상담사, 마음을 바라봐요**
① 교사 교육과정 설계   59
② 프로젝트 수업 A to Z   64
◇ 서로의 감정을 존중하는 교실, 그 모든 감정이 바로 너란다   85

**3. 동물복지 - 나는야, 햇살 동물병원 수의사!**
① 교사 교육과정 설계   88
② 프로젝트 수업 A to Z   94
◇ 생명과 함께하는 교실, 오리·병아리와 함께 살아요   115

**4. 연극 - 모두 한 마음으로! 작은 역할도, 가벼운 역할도 없단다**
[5학년 사례] 가짜 독립투사의 가면을 벗겨라
① 교사 교육과정 설계   126
② 프로젝트 수업 A to Z   131

[6학년 사례] 오월의 달리기
① 교사 교육과정 설계   152
② 프로젝트 수업 A to Z   156
◇ 모두 퍼즐의 한 조각이 되어, 하나의 작품을 이루어요   168

5. 나눔과 봉사 – 나눔으로 채우고 어울림으로 하나 되는 우리
  1 교사 교육과정 설계   172
  2 프로젝트 수업 A to Z   176
  ◇ 나눔으로 더 풍성한 교실, 우리는 어울리며 서로 배워요   184

**3부.
교사 교육과정
운영의 확장**

1. 평화교육 - 평화에 물들다
  1 미래형 교사 교육과정 설계   189
  2 연간 운영 흐름   192

2. 그림책 창작 - 나도 작가, 어린이 작가 되기
  1 교실에서 그림책은 왜, 어떻게 읽나요?   207
  2 어린이 작가 되기 출간 과정 하나, 둘, 셋!   209
  3 그림책 제작 과정   213

**[부록] 마을 연계 교육과정 - 우리 동네에 두 발 딛고, 세상 속으로!**
1. 마을 연계 교육과정과 교사 교육과정의 연결   222
2. 학년 교육과정에 마을이 들어오다   224

에필로그 - 도착, 그리고 새로운 시작   227

프롤로그

## 출발, 함께 손잡고

"교직은 전문직이 맞습니까?"

언젠가 다소 의구심이 섞인 질문을 받은 적이 있습니다. 저는 제가 전문적인 능력을 발휘하여 아이들을 지도하고 있다는 생각에 "네"라고 대답했습니다. 의심은 없었습니다. 다만, 짧게 답하고 끝내면 뒤에 의문이 남았습니다. 왜인지 궁금해하는, 살짝 못 믿는 듯한 눈빛은 부연 설명을 원하는 듯했습니다. 따로 이유를 설명해주지 않으면 상대방은 종종 "초등학교에서 배우는 것들은 누구나 가르칠 수 있지 않느냐, 그런데 무슨 전문직이냐"며 반박했습니다. 반은 맞고 반은 틀린 그 대답에 조금 더 당당히 "네!"라고 말하고 싶었습니다.

교사의 하루는 정신없이 흘러갑니다. 본업인 수업과 평가는 기본이고, 하루에도 수십 번씩 벌어지는 아이들 사이의 심리적 갈등과 신체적 다툼의 중재, 학부모와의 상담 전화, 교육청 공문 작성, 동료 교사의 업무 연락 등으로 의자에 앉을 새도 없습니다. 그러나 분초를 다투며 돌아가는 교사의 하루는, 일일이 설명하기에는 너절하고 함구하기에는 안타까웠습니다. 말이 길어질수록 단순한 하소연처럼 비춰지기 쉬웠습니다. 그런 의심 말고, 한마디 격려를 받고 싶었습니다. "우와, 선생님들 진짜 애쓰는구나." 그 한마디 말을요.

　짧은 신규교사 시절이 지나고 경력이 쌓일수록 돌파구를 찾고 싶었습니다. 경력이 5년을 넘어서니, 주변의 동료 교사들은 각자의 분야를 찾아갔습니다. 음악적 소양을 살려 기타를 치며 교실에서 아이들과 노래를 부르는 선생님, 신체 능력이 좋아 운동을 지도해 아이들에게 대회 트로피를 안기는 선생님, 미적 감각이 좋아 언제나 아름답고 반짝이는 교실 환경을 구축하는 선생님. 다재다능한 선생님들 사이에서 저는 저의 진로를 고민하며 '과연 나에게 특별한 능력이 있긴 할까?' 의문을 품었습니다. 그러던 어느 날, 근무하던 학교가 '혁신학교'에 지정되었습니다.

　혁신학교에서 말 그대로 '혁신교육'을 실천하는 교사가 되기 위해서는 배울 것이 많았습니다. 배움의 공동체, 프로젝트 학습, 교육과정 재구성을 몸소 실천하며 '교육과정'을 논하는 문화를 함께 만들었습니다. 학급 긍정 훈육과 회복적 생활교육을 배우고 실천하며 전문적인 생활지도를 하고자 노력했습니다. 민주적 공동체, 윤리적 생활 공동체, 함께 성장하는 교육 공동체가 되기 위해 우리는 전문적 학습 공동체로 거듭났습니다. 자주 모여 협의하고 다음 수업을 논하는 문화 속에서 숨 쉬다 보니, 어느 날 깨달았습니다. 더 이상 교사로서의 전문성을 부연 설명하지 않는 제가 되었다는 것을요. 남들이 뭐라 하든 제 마음속에서 저는 '교육과정'을 하는 교사가 된 것입니다. 단순히 업무의 일환으로 짠 교육과정이 아니라, 우리가 함께 고민하고 디자인한 교육과정을 운영하는 것은 새로운 즐거움이었습니다.

　새로운 학년이 구성되면 학기가 시작되기 전부터 모여서 머리를 맞댔습니다. 보다 긴 맥락과 흐름을 고려해 교육과정을 계획하고 구성하여 우리의 여건에 맞도록 디자인하였습니다. 수동적인 교사였던 저도 주체가 되어 교육과정 흐름을 함께 이야기하였고, 체험학습지와 아침 시간 활동 하나까지도 모두 교육과정에 바탕을 두고 고민하였습니다. 체험학습은 더 이상 소풍이 아닌 말 그대로 체험을 통해 배우는 '학습'이 되었고, 아침 자습의 경우 저의 교육 철학을 반영하여 보다 우리다운 교실을 구현하는 활동으로 꾸렸습니다.

교육과정의 주체가 되어 나의 의견이 반영된 교육과정을 운영하니 교사로서의 자존감이 높아지고 출근이 즐거웠습니다. 이전에 단편적으로 운영했던 수업에서는 학생은 물론 교사인 저까지도 초대받은 손님처럼 느껴지곤 했는데, 이제는 우리 모두 '지금, 여기'에 있는 사람들이 되었습니다. 교육과정을 디자인한다는 것, 그것은 교사인 제가 가질 수 있는 가장 크고 든든한 무기였습니다.

감히 제가 선생님들께 손 내밀고 싶은 건 그래서입니다. 뻔한 풍경이 펼쳐지는 편안한 길 말고, 조금 거칠고 투닥거릴 때도 있긴 하지만 아름다운 풍경과 이야기가 있는 이 길을 함께 걷자고, 우리 한번 그래 보자고 조심스럽게 손을 내밀어봅니다.

선생님만의 고유한 교실, 고유한 교육과정을 구축해보세요. 이 책의 내용이 그 과정에 도움이 되길 바랍니다. 또한 다양한 주제로 학교 자율시간을 운영할 때 전체 흐름을 보는 참고자료로도 이 책을 활용해보세요. 그럼, 함께 걸어볼까요?

1부

# 교사 교육과정의 개념과 구성

1부에서는 교사 교육과정의 개념과 구성 방법을 살펴보겠습니다. 촘촘하게 제시된 실제 교사 교육과정 운영 사례들을 그대로 활용해도 좋고, 곁에 두고 나만의 색을 조금 더 입힌 교육과정을 구성할 때 참고해도 좋습니다.

모든 실전에는 기초가 필요하죠. 처음에는 교사 교육과정의 개념을 살펴보면서, 지금 이 시점에 교사 교육과정을 왜 운영해야 하는지 잠시 생각해보세요. 그런 뒤 교사 교육과정 구성 과정과 방법을 이어 읽으면 도움이 될 거예요. 이론은 다소 딱딱할 수 있으나 실전 달리기를 하기 전에 운동화 끈을 묶는 심정으로 들여다봐주세요. 그럼 시작해볼까요?

# 1 교사 교육과정이 뭔가요?

교직 경력이 쌓여 이제는 제법 아이들이 품에 들어온다 싶을 때 슬럼프가 찾아왔습니다. 현실은 이게 아닌데, 교과서 속 정형화된 세상을 가르치다 보면 답답한 마음이 들었습니다. '겉도는 이야기 말고, 우리 이야기를 하는 수업을 하고 싶다'는 생각을 하던 중, 혁신학교 교사로 살면서 그 답을 찾았습니다. 바로 '교사 교육과정'이었습니다. 그럼 교육과정은 무엇이고, 교사 교육과정은 무엇일까요?

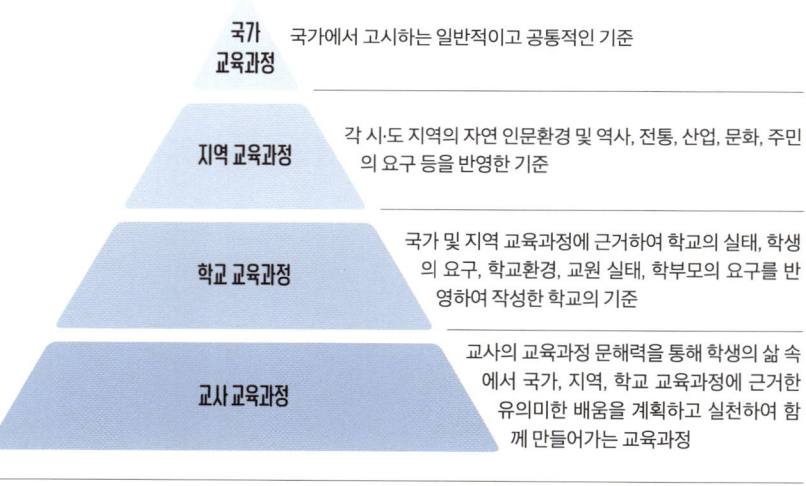

교육과정 위계표

교육과정은 교육 목표를 달성하기 위해 가르치고 배워야 할 내용을 체계적으로 조직한 계획을 말합니다.

학교에서 운영하는 교육과정의 위계는 국가 교육과정-지역 교육과정-학교 교육과정-교사 교육과정 순입니다. 상위 교육과정이 일반적이고 보편적인 기준과 방향을 설정하면 하위로 갈수록 지역, 학교, 교실의 여건에 맞게 보다 실질적인 교육과정을 구성하여 운영하게 됩니다.

이 중, 교사 교육과정은 교사의 교육과정 문해력을 통해 국가, 지역, 학교 교육과정에 기반하여 학생의 삶 속에서 유의미한 배움을 계획하고 실천하며 함께 만들어가는 교육과정을 말합니다. 교육부는 2022 개정 교육과정의 구성 중점으로 다음과 같은 조항을 내세워 교사 교육과정의 필요성을 강조하고 있습니다.

◆ **초등학교 교육과정 총론**(교육부 고시 제2022-33호, 2022. 12. 22.)
Ⅰ-1-사. 교육과정 자율화·분권화를 기반으로 학교, 교사, 학부모, 시·도 교육청, 교육부 등 교육 주체들 간의 협조 체제를 구축하여 학습자의 특성과 학교 여건에 적합한 학습이 이루어질 수 있도록 한다.

교육과정이 자율화·분권화됨에 따라, 교사는 교육과정 문해력을 바탕으로 교육과정을 해석하고 기획하고 실천하여 학습자의 특성과 학교 여건에 맞는 적합한 학습을 구성할 수 있게 되었습니다. 교사 교육과정을 통해 학생의 앎을 삶으로 연결하여, 다양하고 불확실한 미래를 살아갈 학생이 상황과 맥락에 맞게 문제를 해결하는 세계시민으로 성장하도록 도울 수 있게 된 것입니다.

2022 개정 교육과정의 키워드는 '깊이 있는 학습'입니다. 깊이 있는 학습이란 실생활 맥락 속 핵심 아이디어를 찾아 교과 간 벽을 허물어 공부하고 그 과정의 성찰을 통해 자신의 성장과 배움을 스스로 파악하여 이루어지는 학습을 말합니다. 이를 통해 삶을 꾸려갈 역량을 길러 삶의 다양한 환경에서도 교과 역량을 발휘하는 것이 궁극적인 목적입

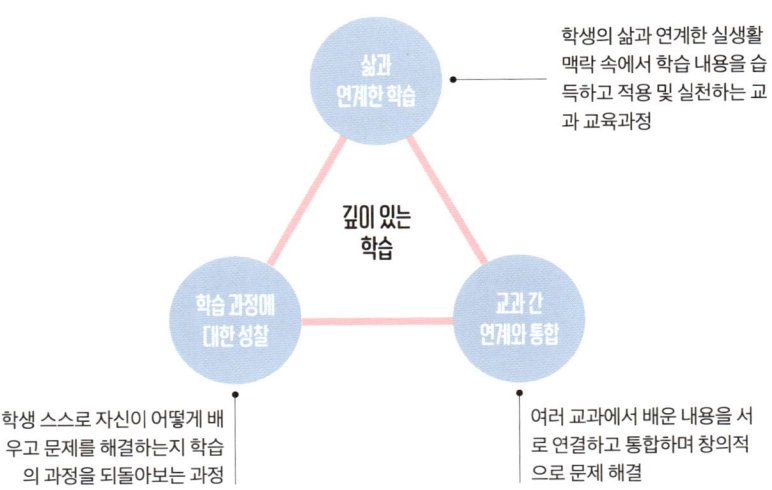

니다.

　깊이 있는 학습이 이루어지기 위해서는 학급에서 실제 배움을 주고받는 교사와 학생이 자율적으로 교육과정을 구성할 수 있어야 합니다. 그래서 깊이 있는 학습과 더불어 2022 개정 교육과정의 가장 큰 특징은 '교사의 자율권 보장'입니다. 교사가 조금만 의지를 가진다면, 국가 교육과정 내에서 성취 기준을 개발하고 과목을 개설하여 운영할 수 있는 권한이 생긴 것입니다.

　그렇다면 학생의 학습자 주도성을 높일 수 있는 학생의 요구는 어떻게 파악할 수 있을까요? 다양한 의견 수렴의 방법이 있겠지만, 다음과 같은 질문을 통해 학생의 요구를 파악할 수 있습니다. 학기 초 교육과정 구성 시 이렇게 수렴된 학생의 의견을 반영한다면 학생들도 교육의 주체가 되어 더 적극적으로 배울 것입니다.

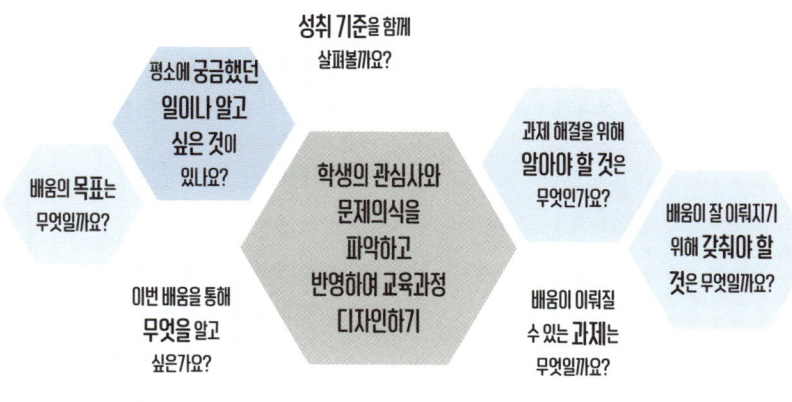

학생의 관심사와 문제의식을 파악하고 반영하여 교육과정 디자인하기

GRASPS 활용으로 학생의 요구를 반영하여 교육과정 디자인하기

– 출처: 인천 초등 교육과정 길잡이

### Tip.

**• 잠깐! GRASPS가 뭔가요?**

　GRASPS란 이해 중심 교육과정에서 유의미한 배움의 결과(도달점)를 설정해두고 교육을 구성하는 백워드 설계에서 활용하는 요소입니다. 학생의 실생활과 연결된 현실적인 과제를 제시하기 위한 요소들로, 각 약자의 의미는 다음과 같습니다.

　　GRASPS　　　Goal 목적　　Role 역할　　Audience 청중　　Situation 상황
　　　　　　　　Product 산출물　　Standards 준거

　최종 도달점인 학생의 목표(G)에 도달하기 위해 학생은 ○○상황(S) 속에서 ○○역할(R)을 맡아, 청중(A)을 설득해야 합니다. 이를 위해 준거(S)에 적합한 산출물(P)을 제출합니다. 위 내용을 머릿속에 두고 교육과정을 구성하면 학생들의 흥미를 끌면서 의미 있는 배움을 얻을 수 있습니다. 각 운영 사례별 GRASPS를 참고하면 이해에 더욱 도움이 될 것입니다.

## 학교 자율시간 운영의 근거와 편성·운영 방법

| 근거 | ◆ 초등학교 교육과정 총론(교육부 고시 제2022-33호, 2022. 12. 22.)<br><br>Ⅲ-2-나-3) 학교는 3~6학년별로 지역과 연계하거나 다양하고 특색 있는 교육과정 운영을 위해 학교 자율시간을 편성 운영한다.<br><br>가) 학교 자율시간을 활용하여 이 교육과정에 제시되어 있는 교과 외에 새로운 과목이나 활동을 개설할 수 있으며, 이 경우 시·도 교육감이 정하는 지침에 따라 사전에 필요한 절차를 거쳐야 한다.<br><br>나) 학교 자율시간에 운영하는 과목과 활동의 내용은 지역과 학교의 여건 및 학생의 필요에 따라 학교가 결정하되, 다양한 과목과 활동으로 개설하여 운영한다.<br><br>다) 학교 자율시간은 학교 여건에 따라 연간 34주를 기준으로 한 교과별 및 창의적 체험활동 수업 시간의 학기별 1주의 수업 시간을 확보하여 운영한다. |
|---|---|
| 편성<br>운영 | ▪ 학교의 특성, 학생·교사·학부모의 요구 및 필요에 따라 자율적으로 교과(군)별 및 창의적 체험활동의 20% 범위 내에서 시수 증감하여 편성·운영<br>   *체육 및 예술 교과(음악/미술)는 시수 감축 불가<br>▪ 적용: 2024학년도 1~2학년, 2025학년도 3~4학년, 2026학년도 5~6학년<br>▪ 학교 자율시간은 3~6학년 내 한 학기 이상 반드시 편성·운영<br>▪ 연간 34주 기준, 학기별 1주의 수업 시간을 확보하여 학기 단위로 운영<br>▪ 교육과정에 제시된 과목 외에 새로운 활동/과목으로 개설<br>▪ 한 학기에 2개 활동/과목 개설 가능(지역에 따라 다를 수 있음)<br>▪ 활동은 최소 10차시 이상, 과목은 최소 14차시 이상 편성<br>▪ 학년 총 수업 시간을 기준으로 3~4학년 29차시(986÷34), 5~6학년 32차시(1088÷34) |
| 유형 | ☐지속형　　　　☐집중형　　　　☐혼합형 |
| 형태<br>예시 | ☐교과 통합형　　☐기초소양 강화형　　☐지역 연계형 |
| 평가<br>결과 | 활동으로 편성하는 경우 목표 달성도 및 학생의 변화와 성장에 의거, 과목으로 편성하는 경우 과목의 평가 기준에 의거하여 평가<br>평가 결과는 생활기록부 세부 능력 및 특기사항에 입력 |

## 2 교사 교육과정, 이렇게 구성해요

내 몸에 안성맞춤인 옷은 아무나 다 입을 수 있는 기성복이 아니라 내 체형에 딱 맞춘 맞춤옷일 겁니다. 교육과정도 마찬가지입니다. 모두에게 보편적인 기준으로 맞춰놓은 국가 교육과정을 기장도 맞추고, 허리둘레도 맞춰서 우리 학년과 학급에 딱 맞는 옷으로 수선하는 과정이 교육과정 디자인을 통한 교사 교육과정 구성의 과정이라고 생각하시면 쉽습니다. 제가 했던 프로젝트 수업은 교육과정 재구성을 통한 교사 교육과정의 구현이었습니다.

교사 교육과정을 이해하기 위한 첫 번째 단계, '교-수-평 일체화 과정'을 살펴보겠습니다. 학생이 이뤄야 할 성취 기준을 분석하고 교육과정을 디자인하여, 수업 학습 과정에서 수업-평가-피드백이 맞물려 이뤄지는 단계를 거쳐 결국 성취 기준에 도달하게 하는 과정. 이것이 교-수-평 일체화의 과정입니다. 이때 성취 기준이란 "교과를 통해 학생들이 배워야 할 지식과 기능, 수업 후 학생들이 할 수 있어야 할, 또는 할 수 있기를 기대하는 능력을 나타내는 결과 중심의 도달점, 교과의 내용을 적용하고 문제를 해결하는 수행 능력"을 말합니다.

이제부터는 교-수-평 일체화 과정, 그로써 교사 교육과정을 구성하는 과정을 살펴보겠습니다.

### ① 교육과정을 분석하고 맥락 잡기
앞서 설명한 교-수-평 일체화 과정을 시간의 흐름으로 정리해보면 다

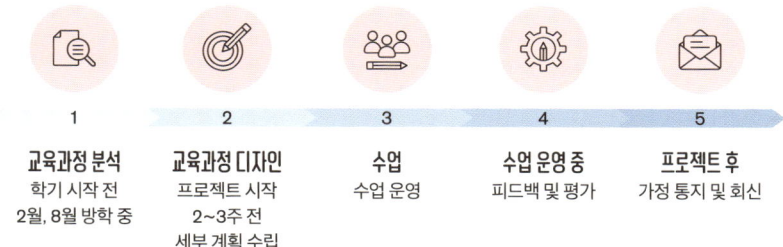

음과 같습니다. 먼저 2월과 8월, 학기 시작 전 교육과정 협의회를 열어 전체 교육과정을 살펴보면서 교육과정 운영 시기와 차시를 조정하고 함께 묶을 만한 주제를 찾아 맥락화합니다. 교육과정 운영 시기는 사회적인 이슈, 계절, 지역의 기반 시설, 지역 행사, 계기교육 등을 고려하여 조정합니다. 이때는 교육과정의 맥락을 잡는 단계로 대략적인 시기 및 주제 배치 정도의 단계이고 세부 사항은 계획하지 않습니다.

교육과정 분석 및 맥락화 자료

**Tip.**

- **교육과정을 분석할 때는 무엇이 필요한가요?**

  교사용 지도서, 국가 교육과정, 검·인정 교과서 출판사의 홈페이지 등을 활용한 각 교과의 내용 체계표 출력물을 준비합니다. 과목별로 다른 색 A4용지에 출력하면 구별이 더욱 쉽습니다.

- **교육과정을 분석할 때는 어떤 자료를 보는 것이 좋은가요?**

  교육과정을 분석할 때는 각 교과의 단원 지도 계획을 참고하여 핵심 개념과 기능을 파악하고 맥락을 잡는 것이 좋아요. 단원 안에서 성취 기준을 어떤 활동과 흐름으로 녹여내었는지 분석하다 보면 우리에게 맞는 조합을 알 수 있어요. 또한 주제를 묶을 때는 한 단원을 통째로 이동하여 묶는 것이 운영에 수월합니다.

교육과정 분석 후에는 교사 교육과정 주제를 설정하고, 그에 어울리는 단원을 그룹 짓습니다. 제 경험상, 40~50차시 정도로 하나의 주제를 묶어 운영하면 밀도 있는 교사 교육과정이 됩니다. 교육과정 주제를 묶을 때는 핵심 개념을 중심에 두고, 이를 효과적으로 배울 수 있는 여타 활동 및 단원을 덧붙이는 식으로 구성합니다.

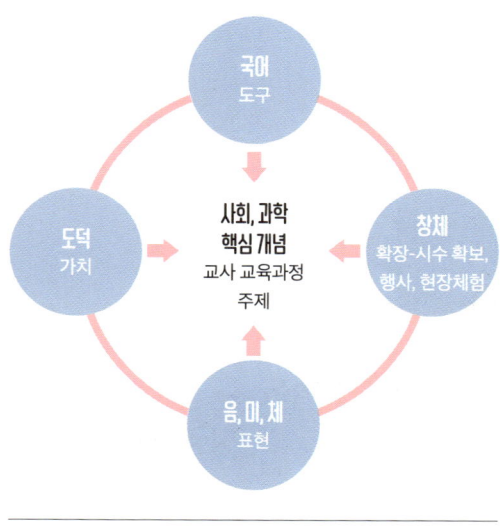

교사 교육과정 맥락화 메커니즘

조금 더 이해하기 쉽게 상상해볼까요? 여기, 레고블록이 있습니다. 색도, 크기도 다양합니다. 교육과정을 레고블록 놀이라고 생각해보세요. 씨앗(주제), 도구, 표현, 확장. 우리는 모두 같은 레고블록을 가지고 한 학기를 시작합니다. 하지만 각자 생각하는 교육과정에 맞춰 레고 조각을 어떻게 조립하고 배치하느냐에 따라 전혀 다른 결과물이 나오게 됩니다. 완성된 레고 모형이 우리가 저마다 실현해내야 하는 교사 교육과정인 것입니다.

**씨앗** 전체 프로젝트의 **씨앗**, 즉 핵심 개념은 보통 사회나 과학 교과의 핵심 주제, 키워드 중 현재 사회적으로 벌어지고 있는 이슈, 계절, 우리 지역의 특색을 고려해 선정합니다. 이때, 도덕 교과의 핵심 가치 중 주제와 어울리는 가치가 있다면 같이 묶어 더욱 알찬 교육과정을 디자인합니다.

**도구** 주제를 배우고 익히는 데 적절한 **도구**가 될 수 있는 활동을 국어 교과에서 찾아 함께 배치합니다. 예를 들어, 토론활동에서 적절한 근거를 통해 자신의 생각을 표현할 수도, 상상하여 뒷이야기를 꾸밀 수도, 토의를 통하여 더 좋은 의견을 도출할 수도 있습니다.

**표현** 주제를 배우는 데 적합한 **표현**활동은 음악, 미술, 체육 등 예술 교과에서 찾을 수 있습니다. 음·미·체 교과를 통한 여러 가지 표현활동은 프로젝트 배움 과정에서 즐겁게 활동할 수 있는 윤활유가 되어줍니다. 전체 흐름 속에 적절히 배치하여 강약중강약을 살리면서 리듬감 있게 공부해보아요.

**확장** 전체 배움을 총정리하고 새롭게 뻗어나가는 배움의 **확장**은 프로젝트 마무리에 캠페인 활동이나 영상 제작, 공연, 봉사활동, 관련 행사 참여, 연계한 현장 체험학습 등으로 이루어집니다. 이를 위해 교과 차시 외에 더 많은 차시가 필요하다면 창의적 체험활동 시수를 활용합니다.

그럼, 학년 별로 어떤 레고블록이 있는지 살펴볼까요?

● 교사 교육과정 구성 재료

| 학년 | 씨앗 | | | 도구 | 표현 | | | | 확장 |
|---|---|---|---|---|---|---|---|---|---|
| | 사회 | 과학 | 도덕 | 국어 | 음 | 미 | 체 | 실 | |
| 3-1 | 우리 고장의 모습<br>고장의 옛이야기와 문화유산<br>교통·통신수단의 변화 | 물질의 성질<br>동물의 한살이<br>자석의 이용<br>지구의 모습 | 우정<br>최선<br>가족사랑<br>절약<br>공익,준법<br>생명 존중<br>우리가 만드는 도덕수업 | 감각적 표현<br>문단의 짜임<br>높임 표현<br>마음 표현<br>설명문 간추리기<br>원인과 결과<br>국어사전<br>의견 파악<br>문학/독서 | 표현<br>감상<br>생활화 | 체험<br>표현<br>감상 | 건강<br>도전<br>경쟁<br>표현<br>안전 | - | 캠페인<br>영상 제작<br>영화 제작<br>연극 공연<br>정책 제안<br>봉사활동 |
| 3-2 | 환경에 따른 생활 모습과 의식주의 다양성<br>생활 도구, 주거 형태의 다양성<br>세시풍속<br>다양한 가족의 형태와 역할 변화 | 동물의 생활<br>지표의 변화<br>물질의 상태<br>소리의 성질 | | 중심 생각 찾기<br>경험 글쓰기<br>감각적 표현<br>언어/대화 예절<br>마음을 전하는 글<br>읽은 글 소개하기<br>내용 간추리기<br>문학/독서/연극 | | | | | |
| 4-1 | 지도와 우리 지역의 중심지<br>지역의 문화유산과 역사적 인물<br>공공기관과 주민 참여 | 지층과 화석<br>식물의 한살이<br>물체의 무게<br>혼합물의 분리 | 근면<br>예절<br>아름다움<br>협동<br>통일<br>다문화<br>공정, 존중<br>우리가 만드는 도덕 수업 | 시 느낌 나누기<br>내용 간추리기<br>마음 표현하기<br>사실과 의견 구분<br>뒷이야기 상상하기<br>회의 절차와 규칙<br>사전 찾기<br>제안하는 글쓰기<br>한글의 우수성<br>문학/독서 | 표현<br>감상<br>생활화 | 체험<br>표현<br>감상 | 건강<br>도전<br>경쟁<br>표현<br>안전 | - | 캠페인<br>영상 제작<br>영화 제작<br>연극 공연<br>정책 제안<br>봉사활동 |
| 4-2 | 촌락과 도시<br>자원의 희소성과 교류<br>사회변화(저출산, 고령화, 정보화, 세계화)로 나타나는 다문화 | 물의 상태변화<br>그림자와 거울<br>화산과 지진<br>물의 여행 | | 뒷이야기 상상<br>마음을 전하는 글<br>대화 예절<br>인물, 사건, 배경<br>문장의 짜임<br>전기문<br>독서감상문<br>사실/의견 구분<br>문학/독서 | | | | | |

| | 사회 | 과학 | 도덕 | 국어 | 음악 | 미술 | 체육 | 실과 |
|---|---|---|---|---|---|---|---|---|
| 5-1 | 국토의 위치와 영역<br>기후, 지형, 자연재해<br>우리나라의 발전 과정<br>인권 존중<br>법의 의미, 역할<br>헌법과 인권보장 | 온도와 열<br>태양계와 별<br>용해와 용액<br>다양한 생물 | 정직<br>감정 표현<br>긍정<br>사이버 갈등 해결<br>인권 존중<br>우리가 만드는 도덕수업 | 대화와 공감<br>요약하기<br>글쓰기의 과정<br>주장 파악하기<br>토의 절차와 방법<br>기행문 쓰기<br>낱말 확장<br>다양한 글 읽기<br>경험한 일 쓰기<br>독서 | 표현<br>감상<br>생활화 | 체험<br>표현<br>감상 | 건강<br>도전<br>경쟁<br>표현<br>안전 | 인간 발달과 가족<br>가정 생활과 안전<br>자원 관리와 자립<br>기술 시스템<br>기술 활용 |
| 5-2 | 고조선<br>고대 국가<br>고려<br>조선 전기<br>조선 후기<br>일제강점기<br>대한민국 정부 수립과 6.25 | 생물과 환경<br>날씨와 생활<br>물체의 운동<br>산과 염기 | | 공감하는 대화<br>지식활용 글 읽기<br>토의하기<br>경험한 일 쓰기<br>문장의 호응<br>여러 매체 자료<br>토론하기<br>요약하기<br>우리말 지킴이<br>독서/연극 | | | | |
| 6-1 | 민주주의의 발전과 시민 참여<br>민주주의<br>민주정치<br>우리나라의 경제 발전 | 지구와 달의 운동<br>여러 가지 기체<br>식물의 구조와 기능<br>빛과 렌즈 | 자주·자율<br>봉사<br>성찰<br>공정<br>통일<br>지구촌 인류애<br>우리가 만드는 도덕수업 | 비유하는 표현<br>이야기 간추리기<br>자료 제작, 발표<br>주장과 근거 판단<br>속담<br>내용 추론하기<br>우리말 가꾸기<br>마음 표현하는 글 | 표현<br>감상<br>생활화 | 체험<br>표현<br>감상 | 건강<br>도전<br>경쟁<br>표현<br>안전 | 인간 발달과 가족<br>가정 생활과 안전<br>자원 관리와 자립<br>기술 시스템<br>기술 활용 |
| 6-2 | 세계 여러 나라의 자연과 문화<br>통일 한국의 미래<br>지구촌의 평화<br>지속 가능한 지구촌 | 전기의 이용<br>계절의 변화<br>연소와 소화<br>우리 몸의 구조와 기능<br>에너지와 생활 | - | 관용표현<br>논설문 쓰기<br>자료 제작, 발표<br>글 읽고 주제 파악<br>정보와 표현 판단<br>퇴고하기<br>기행문 쓰기<br>독서/연극 | | | | |

*위 표는 2015 개정 교육과정으로, 2022 개정 교육과정은 고시에 따라 적용하여 구성할 수 있습니다.
*음악, 미술, 체육, 실과는 과목 특성상 영역명만 제시하였습니다. 지도서 및 교과서 상세 내용을 참고해주세요.

### ② 교육과정 세부 운영 계획 세우기

학기 전 맥락 잡기에서 정리한 교육과정의 대략적인 운영 시기를 달력에 정리해두고, 실제 프로젝트 수업이 시작되기 3주 전쯤에는 본격적인 수업 준비를 합니다.

**가. 프로젝트 3주 전, 실질적으로 준비해야 할 사항**
- 프로젝트 계획서 작성하기
- 전체 학습지 제작하기
- 학습 준비물 주문하기
- 다른 학년에 양해와 협조 구하기
  : 다른 학년과 연계한 캠페인이나 학습, 학교의 공유 공간을 활용할 계획이 있다면 장소 섭외 및 일정 조율을 미리 해두어야 합니다.

> **Tip.**
>
> • 주의!
> 학기 시작 전, 교육과정 맥락 잡기 단계에서 프로젝트 학습과 어울리는 체험학습이나 외부 강사 수업 일정을 계획했다면 이 부분은 사전에 예약해두세요.

**나. 프로젝트 계획서에 들어갈 내용**
* 프로젝트 계획서는 책날개의 QR코드를 통해 다운로드 받을 수 있습니다.

1. 개요 - 주제명, 시기, 차시, 역량, 재구성 이유, 탐구 주제

    개요 단계에서 내가 이 프로젝트를 왜 계획하였는지 재구성 이유를 잘 서술해둘 필요가 있어요. 이는 수업 구성의 주요 취지로, 긴 흐름 속에서 길을 잃었을 때 다시 한번 읽어보면서 프로젝트의 방향을 점검할 수 있거든요. 또 하나 중심을 잡을 수 있게 도와주는 것은 탐구 주제예요. 탐구 질문은 교

사가 마음에 품고 전체 흐름을 진행할 질문입니다.

2. 수행 과제: GRASPS, 수행 과제

   배움을 잘 수행하기 위한 GRASPS와 성취 기준을 아우르는 수행 과제를 설정해요.

3. 성취 기준 및 교과 차시 내용

   교육과정 디자인으로 묶은 단원들의 성취 기준을 정리하여 배움 후 도달점을 점검하고, 교과서에서는 이 성취 기준들을 어떻게 가르치도록 제시했나 확인해요. 우리 학급·학년 학생들에게 보다 실질적인 교육을 하고 싶어 실시하는 교사 교육과정 학습이지만, 교과서는 교육과정 전문가들이 모여 만든 아주 좋은 자료예요. 교과서의 단원 전체 흐름이나 성취 기준에 도달하기 위한 활동들을 참고하는 것은 교사 교육과정 구성에 큰 도움이 됩니다.

4. 성취 기준에 따른 평가 계획

   선생님께서 교실에서 펼치는 모든 과정이 배움과 평가의 과정이지요. 모든 성취 기준을 배움의 과정에서 평가하지만, 어느 성취 기준을 특별히 생활기록부에 남길지를 선정하여 평가 계획을 세워야 해요. 평가 계획과 방법이 결정되면 학습지 제작에 반영하고, 과정 중 제작한 학습지나 활동으로 평가가 이루어지도록 구성하면 자연스럽게 배움을 체크하고 부족한 부분을 보완할 수 있어요.

5. 주제 운영 세부 계획

   꼼꼼히 계획해도 40~50차시 흐름 속에서 길을 잃지 않고 가기란 쉽지 않아요. 우리 반만 하는 교육과정이면 괜찮은데 학년이 함께 움직이는 교육과정이라면 더욱 그렇고요. 그래서 처음부터 끝까지의 흐름을 한눈에 볼 수 있도록 로드맵을 작성하면 좋아요. 저는 프로젝트가 시작되면 이 주제 운영 세부 계획표를 출력하여 교사용 책상에 붙여두고 점검하며 진행해요.

> **Tip.**
> 
> • **프로젝트 계획서가 꼭 필요한가요?**
> 
> 학습지가 필요한 건 맞지만, 굳이 계획서까지 써야 하느냐 하는 질문도 많이 받았어요. 하지만 40~50차시의 흐름이 긴 프로젝트 수업을 진행하는 내내 계획서에 정리한 재구성 이유와 탐구 주제는 저의 북극성이 되어주었고, GRASPS, 수행 과제, 성취 기준, 전체 흐름, 평가 계획은 프로젝트 전체의 길이 되어주었기에 꼭 필요한 과정입니다.

### 다. 주제 운영 세부 계획의 필요성

프로젝트 수업을 하고 싶어서 관련 공부를 하고, 저의 교실에 처음 도입한 게 2015년이에요. 학년 선생님들과 마음이 맞아서 즐겁게 탐구하고 실천해도 교실은 언제나 돌발 상황으로 넘쳐나고, 계획은 늘 어긋났어요. 함께 영차영차 시작했다 할지라도 모두 같은 속도로 갈 수는 없다는 것이 학년 교육과정의 함정이었어요.

초반에도 지금처럼 협의⇨교육과정 분석⇨계획서 작성⇨교육과정 운영의 흐름으로 진행했어요. 교육과정 운영 중 필요한 학습지는 나눠서 제작하고 진도를 나가면서 맡은 부분을 제작하여 공유하는 방식으로요. 예를 들어, 1반은 1~10차시, 2반은 11~20차시, 3반은 21~30차시의 학습지 제작을 담당하기로 했어요. 그러나 모두가 출발선에서 동시에 출발해도 어느 반에서는 학생 간 다툼이 생겨 정상적인 수업 진행이 어려워지고, 어느 반에서는 이해가 느린 학생을 기다려주느라 예상보다 더 긴 시간이 소요돼요. 그렇게 각 반의 속도차는 점점 더 벌어지고요. 학교는 늘 그렇잖아요. 돌발 상황이 생겨도 옆 반 선생님들이 넓은 마음으로 이해하고 부랴부랴 대처하여 수업은 다행히 순조롭게 진행되지만, 함께하는 교사 교육과정 수업에 대한 피로도가 쌓이는 것은 어쩔 수 없어요. 이런 일들은 쉽게 발생했어요. 그래서인지 아이들의 생생한 눈빛이 좋아 프로젝트 수업을 하면서도, 차분하고 안정된 느낌보다는 뭔가 쫓기고 바쁜 느낌에 마음이 편하지 않았던 것이 사실이에요.

그래서 몇 년 전부터는 '주제 운영 세부 계획'을 세우고 전체 학습지를 사전에 제작하여 아이들에게 나눠주기 시작했어요. 그리고 모두 마음의 평화를 찾았습니다. 각 반의 진도와 무관하게 목표 지점에서 만나면 되게끔 바꾼 거죠. 중간중간 먼저 실행해본 학급에서 시행착오를 나누고, 함께 계획한 활동을 앞서거니 뒤서거니 하며 학습 과정을 공유하는 즐거움은 선택이고요.

주제 운영 세부 계획을 세우고 얻은 또 하나의 장점은 불안함이 사라졌다는 거예요. 단원이 여러 개 섞인 데다 어느 차시는 평가를 해야 하고 어느 차시는 준비물이 필요한데, 모든 사항을 외울 수는 없잖아요. 그냥 이 계획서를 지도처럼 따라가면 되니 교사 교육과정 운영이 한결 체계적으로 느껴졌습니다.

### 라. 학습지 내용 구성

1. 프로젝트 시작 전 나의 마음: 배움에 임하는 자세를 다잡게 도와줘요.

2. 첫 시간 편지: 편지글에는 재구성한 단원들의 성취 기준을 분석하여 만든 GRASPS와 미션을 담아요. 편지의 형식을 빌려 다정하게 말을 건네지만, 사실 이 과정은 아이들의 마음속에 지도를 심어주기 위함이에요. 아이들은 편지를 읽으면서 앞으로 한 달여 동안 자신이 무슨 역할을 맡아, 어떤 미션들을 해결하며, 어디를 향해 나아갈지를 마음속에 그려나가요.

   *GRASPS:
   **G**oal(목표) **R**ole(역할) **A**udience(청중) **S**ituation(상황) **P**roduct(산출물) **S**tandards(준거)

3. 배움 내용: 우리가 수업 시간에 활용하는 바로 그 학습지들의 묶음입니다. 배움 정도를 체크하거나 표현할 수 있어야 하며, 평가 계획을 반영하여 학습지를 제작합니다.

4. 자기 평가: 자기 평가는 '학습 과정에 대한 성찰', 즉 자신의 탁월함을 발견하고 부족한 점을 찾아 보완하는 과정입니다. 그런 맥락에서 학습 마무리에 자기 평가를 꼭 넣어야 해요. 이때 타인의 평가보다는 스스로 얼마나 적극적으로 배웠는지가 중요해요. 또 한번 자기 점검을 하면 다음 프로젝트에 임하는 태도가 달라져요. 아이들이 스스로 매긴 점수를 과정 중심 평가의 참고 자료로 활용한다면 미처 파악하지 못한 아이들의 노력도 엿볼 수 있어요.

5. 성찰 노트 및 프로젝트 후 나의 마음 작성: 모든 수업이 끝나고 학생들은 성찰 노트를 작성하면서 스스로 자신이 배운 내용과 프로젝트 후의 마음을 서술해요. 학생들은 자신이 무엇을 알고 무엇을 모르는지 메타인지적으로 생각해보며 깊이 있는 학습에 접근합니다. 프로젝트 마무리 후, 성찰 노트를 점검할 때 아이들의 진짜 배움, 제가 미처 예상하지 못한 생각들을 만나면 프로젝트를 운영하며 쌓였던 피로가 모두 날아가고 교사로서 보람을 느낍니다.

### 마. 평가 기록

전체 배움의 기록이 모인 학습지 묶음에는 시작의 마음부터 마무리 후의 마음까지, 배움 과정에서 순간순간 기록한 내용들과 자신이 무엇을 어떻게 배웠는지 스스로 돌아보는 성찰의 기록까지 모입니다. 이 내용들을 중간중간 점검하면서 부족한 부분은 피드백을 통해 보충하고 더 깊은 배움으로 확장될 수 있도록 지도합니다. 평가 계획에 근거한 학습지의 배움 기록을 반영하여 학교생활기록부를 작성하고, 프로젝트의 마침표를 찍습니다.

# 2부

# 교사 교육과정 운영 사례

2부에서는 구체적인 사례 속에서 교사 교육과정 운영 내용을 상세히 살펴보겠습니다. 각 장에는 기후 위기, 감정, 동물복지, 연극, 나눔과 봉사를 주제로 한 교사 교육 과정 사례를 담아냈습니다. 실제로는 3학년, 5학년, 6학년에서 실시했던 수업 내용들이지만 저의 교육과정 구성 특성상, 다른 학년이라도 같은 주제를 다루고 있다면 참고하는 데 큰 어려움은 없을 것입니다. 학년별로 학생들의 결과물 수준이나 배움 내용, 자료의 깊이가 조금씩 다를 뿐 핵심 주제를 다룬 교육과정 운영 방식은 유사했습니다. 즐겁게 공부하는 학생들의 태도도 비슷했고요. 다음의 방식을 조금씩 변형하여 선생님 것으로 만들어보세요.

# 1 나는야, IPCC 국제 기후 위기 대응위원, 지구 지킴이!

기후 위기

◆ 프로젝트 개요

| 주제명 | 육지, 바다, 대기의 특징을 알고, 기후 위기로부터 지구 지킴이 역할 하기 | | | | |
|---|---|---|---|---|---|
| 추천 시기 | 4월 (지구의 날에 맞춰) | 관련 교과 | 과학, 국어, 도덕, 음악, 미술, 체육, 창체 | 차시 | 46 |
| 역량 | 지식정보처리 역량, 협력적 소통 역량, 공동체 역량 | | | | |
| 재구성 이유 | 2021년~2030년은 기후 위기를 극복할 수 있는 마지막 10년이라고 한다. 지구는 여러 징후를 통해 이대로라면 우리가 꿈꾸는 미래는 없을 거라는 경고를 보내고 있다. 하지만 인류는 지구의 경고를 무시하며 끊임없이 현실의 만족을 추구할 뿐이다.<br>우리 모두가 지구를 위해 할 수 있는 일들로는 무엇이 있을까? 아이들은 지구 지킴이 프로젝트를 하면서, 우리가 살아가야 할 방향에 대해 고민하고 지구 지킴이로서 지구를 보존하자는 메시지를 3학년다운 방법으로 전달할 것이다. 아이들의 작은 메시지가 나비효과를 일으켜 지구를 보존하는 데 큰 울림이 되기를 바란다. | | | | |

# 1 교사 교육과정 설계

### ① 교육과정 맥락 잡기 (Why & How)

이제는 보편적인 단어가 되어버린 '기후 위기'. 전 세계적인 감염병 사태를 겪고 난 뒤 우리는 기후 위기라는 과제를 안고 살아가죠. 기후 위기 문제의 해결책을 찾기 위해서는 국가 정책 개선 등 거시적인 해결만큼이나 개개인의 삶의 방식의 변화가 필요할 것입니다. 하지만 살아온 방식을 바꾸는 것은 쉽지 않아요. 이를 위해 아이들로 하여금 정확한 공부를 하고, 내적인 동기를 품게 하고 싶었어요. 기후 위기는 기성세대인 어른들보다 미래를 살아갈 어린이들에게 더욱 절실한 문제이기도 하니까요.

이런 생각을 품고 3학년 교육과정을 살펴보니 눈에 띄는 단원이 있었어요. 과학 5단원, '지구의 모습'이었습니다. 이른바 지구의 표면인 육지와 바다의 특징, 지구를 둘러싼 공기의 역할을 비롯해 달의 모양과 표면을 공부하고 지구와 달의 움직임까지 표현해보는 단원이에요. 기후 위기라는 주제를 직접적으로 다루기는 어렵더라도 맞닿는 부분이 많았어요. 더할 나위 없이 좋은 씨앗이었죠.

씨앗을 찾았으니 절반은 왔어요. 살을 붙여서 풍성한 하나의 덩어리를 만들기 위한 질문과 구성 과정은 다음과 같아요.

1. **이 씨앗을 잘 배우면 어떻게 구현될까?** (지구 지킴이 캠페인)
2. **씨앗을 잘 배우기 위해 필요한 도구(서술 방법)는 무엇일까?** (원인과 결과 알기,

과학 용어가 어려울 것이 예상되니 나만의 국어사전 단원도 함께 넣어 차시를 확보하는 것이 좋겠군.)
3. **흥미와 재미를 놓칠 수는 없지. 음, 미, 체에 적당한 소재는 무엇이 있을까?** (미술에 재활용을 활용한 예술작품 만들기가 어울리고, 음악에 안전한 세상 가사 바꾸기가 캠페인 노래 만들기에 어울릴 것 같아. 지구의 모습에서 지구와 달의 움직임을 신체 표현하는 차시가 있는데 이건 체육에서 움직임 표현하기로 차시 통합하면 좋겠다. 아이들이 좋아하는 미술 활동 더 넣을 만한 거 없을까. 검색해보니 스트링 아트가 있네. 좋아, 이거야.)
4. **캠페인은 어떻게 표현할까?** (배움 내용을 실천하겠다고 공언하는 영상을 제작한 뒤, 다른 학급과 가정에도 전달하여 함께 지키자는 마음을 이끌어내면 좋겠다.)
5. **꼭 배워야 할 것, 놓치면 안 되는 것이 있다면 무엇일까?** (지구의 모습에서 지식 내용, 인과, 사전의 원리는 놓치지 말고 평가 기록까지 꼼꼼히 하자.)

그렇게 다음과 같은 한 덩어리의 프로젝트가 구성되었어요. 지구의 날에 지구 지킴이 캠페인을 하기로 결정하고, 그에 맞추어 교육과정 진도를 조정했어요.

◆ **지구 지킴이 프로젝트의 전체 흐름 및 구성 요소**

| 취지 | 지구를 지키기 위한 방법을 알고 실천하기 |||||
|---|---|---|---|---|---|
| 지구의 모습 이론 공부 | 인과, 국어사전 만들기 | 업사이클링 만들기 스트링 아트 | 지구 지킴이 약속 플로깅 | 기후 위기 캠페인하기 ||

**키워드 | 기후 위기**

| 국어 | 과학 | 도덕 | 미술, 체육 | 음악 |
|---|---|---|---|---|
| - 일이 일어난 까닭<br>- 반갑다, 국어사전 | - 지구의 모습 | - 아껴 쓰는 우리<br>- 함께 지키는 행복한 세상 | - 종이의 변신<br>- 재미있는 만들기<br>- 움직임 표현하기 | - 안전한 세상 |

| 주제 및 취지 | | [기후 위기] 지구를 지키기 위한 방법을 알리고 실천하기 |
|---|---|---|
| 씨앗 | 과학 | • 지구의 모습 |
| | 도덕 | • 공익 |
| 도구 | 국어 | • 원인과 결과<br>  – 교과서 지문을 수질오염/대기오염/토양오염/지구온난화를 주제로 한 지문으로 바꾸어 공부하며 그 과정에서 인과+과학 지식 익히기<br>• 국어사전<br>  – 과학 지문의 어려운 단어를 초성으로 나누어 나만의 사전 만들기 |
| 표현 | 음악 | • 업사이클링 아트 – 종이의 변신<br>• 스트링 아트 지구 만들기<br>• 나의 다짐 지구 만들기 |
| | 미술 | • 가사 바꾸기로 캠페인 주제곡 만들기 |
| | 체육 | • 지구와 달의 움직임 신체 표현 |
| 확장 | 창체 | • 기후 위기 캠페인 - 연설 영상 제작, 급식 시간 캠페인<br>• 플로깅 봉사 |

② 세부 계획 세우기

이 프로젝트는 기후 위기 문제를 직면하고 지금 내가 처한 상황에서 대처할 수 있는 방법을 찾아 스스로 꾸준히 지키려는 태도를 기르는 데 목적을 두고 있습니다. 습관은 한순간에 변하는 것이 아니기 때문에 지속적이고 반복적인 실천이 필요한데요. 그래서 이 프로젝트만큼은 학기 초에 실시하는 것이 좋습니다. 꾸준히 점검하며 함께해나갈 수 있거든요. 또한, 계기교육을 하기에 알맞게 지정되어 있는 다양한 '○○의 날'을 활용하면 우리 교실 단위 차원이 아니라 학교를 넘어선 시의적절한 교육이 가능합니다. 그런 의미에서 저는 4월 5일 식목일에 시작해 4월 22일 지구의 날에 프로젝트 배움 결과를 발표할 수 있도록 구성하였습니다. 단위가 크고 저와 처음 하는 프로젝트 학습이라서 낯설게 느낄 아이들을 위해 더 꼼꼼히 준비했습니다.

◆ 프로젝트 내내 교사의 북극성이 되어주는 탐구 주제

| 탐구 주제 | • 지구와 달의 지형적 특징을 이해하는가?<br>• 기후 위기의 원인과 결과를 이해하고 우리가 노력해야 할 일을 찾아낼 수 있는가?<br>• 지구 보존의 필요성을 느끼고 캠페인에서 관련 메시지를 전달하는가? |
|---|---|

◆ 전체 프로젝트의 밑그림이 되어줄 설정들, GRASPS, 수행 과제, 평가 준거

| 수행 과제 | • GRASPS<br>지구는 현재, 기후 위기를 겪고 있다(S1). 당신은 지구보존협회 국제회의에 참여하여(S2) 지질학을 전공한 기후 위기 전문가(R)로서 대중(A)에게 기후 위기의 원인과 결과를 밝히고 기후 위기를 극복하자는 캠페인을 벌여 지구를 보존하는 데 이바지해야 한다(G).<br><br>• 수행 과제 1. 지구와 달의 지형적 특징 설명하기<br>• 수행 과제 2. 글을 읽고 원인과 결과 찾아내기<br>• 수행 과제 3. 나만의 국어사전 만들기<br>• 수행 과제 4. 업사이클링을 통해 폐종이를 활용한 미술 활동 수행하기<br>• 수행 과제 5. 캠페인 자료 제작하기<br><br>• 평가 준거 1. 지구와 달의 지질학적 특징을 서술할 수 있는가?<br>• 평가 준거 2. 기후 위기에 관련한 글을 읽고 원인과 결과를 찾아낼 수 있는가?<br>• 평가 준거 3. 텍스트에서 자신이 모르는 단어의 의미를 짐작하고 사전에서 찾을 수 있는가?<br>• 평가 준거 4. 지구 보존 메시지를 명확하게 담은 캠페인 자료를 제작할 수 있는가? |
|---|---|

*GRASPS: Goal 목표 Role 역할 Audience 청중 Situation 상황 Product 산출물 Standards 준거

◆ 프로젝트 전체 흐름

| 차시 | 교과 | 단원 | 흐름 | | 학습지 | 평가 |
|---|---|---|---|---|---|---|
| 1 | 국어 | 도입 | • 역할과 프로젝트 흐름 알려주기, 연설 보여주기 | | ☑ | ☑ |
| 2~3 | 도덕 | 4. 아껴 쓰는 우리 | • 시간과 물건을 아껴 쓰는 방법 배우기<br>– 체크리스트 나눠주기 | | ☑ | ☑ |
| 4~9 | 과학 | 5. 지구의 모습 | 1 | 지구와 달의 모습 | ☑ | |
| | | | 2 | 지구의 표면에서 볼 수 있는 모습 | ☑ | |
| | | | 3 | 지구의 육지와 바다의 특징 | ☑ | |
| | | | 4 | 지구의 공기의 역할 | ☑ | |
| | | | 5 | 지구의 모양 | ☑ | |
| | | | 6 | 달의 모습, 지구와 달의 다른 점 | ☑ | ☑ |
| 10~13 | 체육 | 움직임<br>표현하기 | 1~2 | 지구와 달의 모습 몸으로 표현하기<br>육지, 바다, 공기의 움직임 몸으로 표현하기<br>오염된 지구가 되어 몸으로 표현하기<br>소감 쓰기<br>– 내가 무엇을 표현했고, 느낌이 어땠는지<br>– 오염된 지구가 되었을 때 마음이 어땠는지<br>– 오염된 지구로서, 사람들에게 부탁하는 말 한마디 | ☑ | |
| | | | 3~4 | 스트링 아트를 하며 지구에게 사과하기 | | |
| 14~30 | 국어 | 6. 일이 일어난<br>까닭<br>7. 반갑다,<br>국어사전 | 10 | 원인/결과<br>개념 알기 | • 텍스트에서 원인/결과 찾기<br>• 원인과 결과를 정리해 문장 쓰기 | ☑ | ☑ |
| | | | 11~14 | T1-대기오염 | • 원인과 결과를 나열하여 문단 쓰기 | ☑ | |
| | | | 15~18 | T2-기후 위기 | • 모르는 단어 찾아내기 | ☑ | ☑ |
| | | | 19~22 | T3-코로나 | • 단어 뜻 짐작하기 | ☑ | |
| | | | 23~26 | | • 사전 만들기(북 아트) | | ☑ |
| 31~32 | 미술 | 종이의 변신 | • 상자의 재발견 – 업사이클링 냅킨 아트 | | | |
| 33~34 | 도덕 | 4. 아껴 쓰는 우리 | • 쓰레기 분리수거 및 재활용 방법 배우기, 습관 다지기 | | ☑ | |
| 35~38 | 도덕 | 5. 함께 지키는<br>행복한 세상 | • 공공장소, 공공장소에서 지켜야 할 규칙<br>• 공익의 의미<br>• 기후 위기를 극복하기 위해 우리가 할 수 있는 일 배우기 | | ☑ | |
| 39~40 | 미술 | 종이의 변신 | • 북 아트로 우리가 할 수 있는 일 정리하기 | | | |
| 41~43 | 과학 | 5. 지구의 모습 | • 캠페인 자료 만들기 | 한마디 인터뷰 | | |
| | | | | 포스터 | | |
| | | | | 글쓰기 - 연설문 | ☑ | |
| 44~45 | 음악 | 안전한 세상 | | 종이 접시 다짐 - 나무에 걸기 | | |
| 46 | 과학 | 5. 지구의 모습 | • 프로젝트 돌아보기<br>• 미술 활동: 북 아트, 상자의 재발견, 스트링 아트<br>• 국어: 기후 위기, 코로나에 대해 알게 된 점<br>• 과학: 지구와 달의 특징<br>• 전체 소감 | | ☑ | ☑ |

# 2 프로젝트 수업 A to Z

## ① 첫날

프로젝트 첫날이에요. 프로젝트를 안내하면서 프로젝트 운영 중 우리만의 교재가 되는 학습지 묶음을 나눠줍니다. 표지부터 마무리까지 기승전결이 있는, 양면 컬러로 인쇄되어 루스링에 묶인 학습지 파일을 받은 아이들은 자세를 고쳐 앉아요.

> **Tip.**
> 
> • **학습지를 묶는 데 루스링을 활용해보세요**
> 
> 3공 바인더, L자 파일, 황파일 등 여러 가지 수단과 방법으로 학습지를 묶어보았지만 30공 펀치와 루스링만 한 게 없었어요. 양면 컬러로 인쇄한 학습지를 묶어 나눠주면서 선생님의 정성과 노력을 살짝 어필하면 아이들의 입이 떡 벌어져요.
> 
> 보통 재구성은 40~50차시이고, 이 분량에 해당하는 학습지는 20~30장이라서 양이 상당하기 때문에 학습지를 묶어 우리만의 맞춤 교재로 활용하면 좋아요. 한 해에 4~6개 정도의 교사 교육과정을 운영하는데, 그때마다 학습지를 누적해서 묶으면 1년 후 나만의 배움 책이 완성됩니다. 평가할 때도 해당 페이지를 펼친 뒤 걷어서 간편하게 활용해요.

프로젝트 수업을 몇 년 하다 보니 프로젝트 첫 시간마다 하는 절차가 있어요. 첫 번째, 누군가에게서 받는 편지로 시작하기. 두 번째, 왜 이런 주제를 선정했는지 선생님의 이야기 들려주기. 세 번째, 프로젝트를 시작하는 이 순간 나의 마음 두 줄 글쓰기인데요. 이것들을 적용하여 쓴 지구 지킴이 프로젝트의 편지는 다음과 같아요.

안녕! 햇살초 3학년 친구들!

나는 너희들이 살고 있는 지구야. 너희가 나를 찾아줘서 나는 지금 무척 기뻐. 왜냐하면 내가 좀 아프거든. 몇백 년 전부터 아팠지만 최근에는 병이 급속도로 나빠지고 있어. 매일 인간들이 살 수 있는 환경을 제공해줘야 해서 병원에 갈 수도 없는데 자꾸 더 아파지니까 어떻게 해야 하나 고민이야. 마침 너희가 나를 찾아주었으니 내 부탁을 좀 들어줄래? 내가 아프지 않게, 아니 내 병이 조금만 천천히 진행될 수 있게 사람들에게 이 말을 전해줘. 나를 조금 더 사랑하고 아껴달라고 말이야. 해줄 수 있어?

너희가 이번 프로젝트에서 잘 배워서 꼭 전달을 잘 해줘서 나에게 도움을 주면 좋겠다. 그럼 나는 너희를 위해 더 멋진 바다와 파란 하늘을 오래오래 보여줄게. 코끝에 스치는 바람이 상쾌하고 예쁜 꽃이 만발한 봄, 해변에서의 수영이 가능한 여름, 꽃보다 아름다운 단풍이 깊어지는 가을, 함박눈으로 눈사람을 만들 수 있는 겨울도 약속할게. 어때? 너희도 좋지? 약속해줘. 나도 힘낼 테니 너희도 꼭 나의 말을 잘 전달해주는 거야. 알겠지?

내 말을 잘 전해주려면, 먼저 내가 왜 아픈지 원인과 결과를 잘 정리할 줄 알아야 해. 그리고 나에 대해 조금 더 잘 알아줬으면 좋겠어. 지구를 이루고 있는 땅, 바다, 하늘을 배우는 거야. 그리고 지구가 아프다고, 아프지 않게 함께 도와주자고 사람들에게 캠페인해줘.

나는 인간들을 사랑해. 내가 내 몸 구석구석에 숨겨둔 나만의 비밀 장소를 발견하고 감탄하는 인간들의 표정을 바라볼 때면 얼마나 행복한지 몰라. 비록 최근에는 그런 일이 점점 줄어들고 있지만 말이야. 내가 자꾸만 화를 내게 되거든. 한여름에 우박을 내리기도 하고, 태풍으로 경고도 해보고 이상저온, 이상고온으로 이러지 말아 달라고 부탁했어. 아마존과 호주엔 몇 달 동안 꺼지지 않는 산불까지 냈었는데 사람들은 그 위험성을 아직도 잘 모르는 것 같아. 내가 잠깐 화난 줄 아나 봐. 나는 인간들과 오래오래 함께 살고 싶다고, 지금처럼 살면 그러지 못할 수도 있다고 심각한 경고를 보내는 건데, 잠깐의 위험인 줄 아는 것 같아. 그래서 슬퍼.

아, 맞다! 3학년 친구들아. 너희에게 특별한 이름을 붙여줘도 될까? 바로 햇살초 지구 지킴이 자, 그럼 멋진 지구 지킴이 대원들, 나, 지구가 너희들에게 특별 임무를 줄게.

1. 지구의 지형적 특성 알기 - 대륙, 바다, 대기
2. 글을 읽고 원인과 결과를 찾아 글로 쓰기
3. 나만의 국어사전 만들기

> 4. 상자의 재발견, 지구 모형 만들기, 북 아트 활동 하며 마음 다지기
> 5. 캠페인 자료 제작하기
>
> 걱정하지 마, 선생님께서 친절하게 안내해주실 거야. 그 안내를 따라 하나씩 하나씩 클리어하다 보면 어느새 임무를 완료하고 나를 만나는 거야! 그럼 캠페인에서 멋진 활약 기대할게!
>
> 4월 5일. 언제나 너를 감싸안고 사랑과 애정을 보내는 지구가.

시작 편지는 딱딱한 책상에 앉아 어려운 공부를 해야 하는 아이들에게 제가 건네는 쿠션이에요. 보내는 이는 그때그때 다르지만, 진심이 담긴 편지를 읽는 아이들은 '이거 조금 궁금한데. 한번 해볼까?' 하는 표정을 지어요. 편지를 읽은 뒤엔 아래의 학습지를 활용하여 '프로젝트 시작 전 나의 마음'을 정리하고 맡은 임무를 잘 치르겠다고 다짐해요. 아이들은 어서 미션을 수행해 다음 단계로 나아가고 싶어 합니다.

| 프로젝트 시작 전 나의 마음 | | 프로젝트 시작과 끝, 나의 마음을 적으며 배움에 대한 태도를 다진다. |
|---|---|---|
| 나는 지구 지킴이로서 국어와 과학 공부를 열심히 해서 기후 위기 극복 캠페인에 열심히 참여하겠습니다. _____(인) | | 따라 쓰며 다짐할 수 있게 만든 서약 조항 |

마침 프로젝트를 시작하는 날은 4월 5일 식목일이었어요. 사전에 기후 위기 프로젝트를 계획하는 과정에서 '올해는 반려 식물과 함께하며 자연 친화 지능을 길러볼까? 교실에서 나무를 기르는 건 어떨까?'

 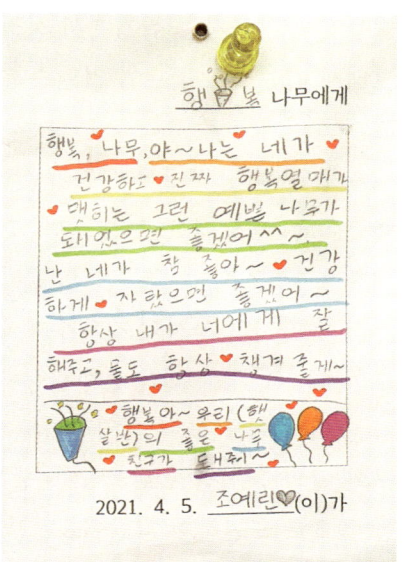

아이들이 나무에게 쓴 환대의 편지

생각하고 주문한 키 큰 반려 식물도 교실에 도착한 날이었죠. 우리의 친구가 된 나무에게 환대의 편지를 쓰고, 지구 이야기를 한참 나누며 기분 좋은 기후 위기 프로젝트를 시작했어요.

② 씨앗 지구의 구조 (과학, 지식 다지기)

모든 프로젝트 초기에는 기초 공사를 한다고 생각하고 프로젝트 전 과정을 수행하기 위해 알아야 할 지식적인 측면을 먼저 다지는 것이 좋아요. 이번 기후 위기 프로젝트에서는 과학의 지식적 측면을 배우고 이를 확장해가며 넓힐 수 있도록 앞에 배치했어요. 한때 프로젝트 수업이 유행처럼 번질 때 가슴이 아팠던 비판은 '잔뜩 놀고 나면 배운 것도 없고 산만하다'라는 말이었어요. 그도 그럴 것이 프로젝트 수업이라는 이름하에 수업은 자유롭게 다양한 형태로 운영되었고, 그럴수록 즐겁게 공부하자는 취지에서 시작한 수업이 놀이로 변질되곤 했어요. 그래서 저는 프로젝트 수업일수록 꼭 배워야 할 것들을 놓치지 않으려고 애씁니다.

지구와 달 단원에서 배워야 할 핵심 내용을 배울 때는 교과서를 활용했어요. 프로젝트 수업 중에도 필요할 때는 교과서를 백분 활용하세요.

과학 마지막 차시인 창의주제 학습은 지구와 달의 움직임을 몸으로 표현하는 것이고, 체육 표현활동에는 이동, 비이동으로 신체 표현하기가 있어서 이를 묶어 운영하기로 했어요. 체육의 표현활동 소재를 '지구와 달의 움직임'으로 잡고 운동장에 나가, 달이 지구를 공전하는 것을 몸으로 표현하며 익혔어요.

둘씩 짝을 짓고 지구와 달이 되어 움직임을 표현한다. 일정 거리에서 주변을 돌고 있다는 것을 표현하기 위해 스티로폼 막대의 양 끝을 서로 손에 쥐고 달이 지구를 도는 모습을 구현했다. 이 스티로폼 막대는 실제로는 없지만, '인력'의 형태로 작용하는 힘이라고 말해주었다.

> **Tip.**
> - **차시 저축으로 여유 있는 교육과정 운영하기**
>   교육과정 구성 시, 과목 간 내용이 중복되거나 연계 운영하여 저축할 수 있는 차시를 찾아 묶어보세요. 이런 시간을 모아서 운영하고, 전체 흐름을 여유 있게 구성해야 시간에 쫓기지 않고 아이들이 확장되는 배움을 표현할 때 자유롭게 뻗어나갈 수 있어요.

③ **표현** 🌏 미술, 스트링 아트로 지구 만들기

지구의 구조를 배웠으니, 형상화하고 조금 더 친근하게 느낄 수 있게 스트링 아트로 지구를 만들었어요. 선생님들이 모여 머리를 맞대고 실이 엉키지 않게 돌돌 꼬아 완성한 지구를 보여주며 말을 건넸어요.

"선생님이 너희들 보여주려고 만들어왔어. 이거 보면서 만들면 돼. 먼저 못을 박고……."

"선생님!"

준우가 평소와 달리 제 말을 자르고 급하게 저를 불렀어요.

"그런데 그거 아세요? 여기 세 번째 지구는 지구온난화가 이미 심각하게 진행된 지구예요."

그 말을 듣고 보니 세 번째 지구는 정말 온난화가 많이 진행되어 있었어요. 아이가 발표하기 전에는 전혀 보이지 않던 사실이었죠. 말과 표정만으로도 이 아이가 얼마나 배움에 몰입해 있는지 알 수 있었어요. 바로 이런 순간이 제가 에너지를 채우는 선물 같은 순간이에요. 저는 다시 질문했어요.

"준우야, 왜 그렇게 생각했어?"

"세 번째 지구만 해수면이 대륙보다 높잖아요. 1번이랑 2번 지구는 다행히 해수면이 육지보다 낮아요."

예시 작품으로 만든 스트링 아트. 아이들은 세 번째 지구가 다르다는 점을 곧바로 찾아냈다.

운동장에 옹기종기 모여 스트링 아트를 하는 우리

"준우가 정말 관찰력이 좋구나. 여러분, 이렇게 환경이 심각하게 병든 지구 만들지 않으려면 어떻게 해야 할까요?"

아이들이 답했어요.

"바다를 먼저 만들고 나서 육지를 만들어요!"

준우 덕분에 우리 반 스무 개의 지구에는 온난화가 늦춰졌답니다.

스트링 아트는 못을 박고 실을 감으면 되는 미술 활동인데, 못질 소리가 소란스러울까 봐 운동장에 나갔어요. 따스한 4월의 봄, 싱그러운 연둣빛이 지천에 가득했던 어느 날. 우리는 봄볕 아래에서 이렇게 둘러앉아 내 친구 지구를 만들었어요. 똘똘이 지영이는 지구가 병들기 전 건강한 지구를 표현할 거라며, 파란 바다를 표현하는 실을 최대한 나무판에 딱 붙여 감기 시작해 벼랑이 가파른 대륙을 만들어냈어요.

④ 도구 📖 인과 관계 & 지구 지킴이 국어사전 만들기

프로젝트 학습이 좋은 점은, 배움의 강약 조절을 자유롭게 하면서 점점 몰입할 수 있는 구조를 만들 수 있다는 것이에요. 중간중간 배움을 다잡고, 표현하고, 깊어지는 활동을 배치해 아이들이 즐겁게 나아갈 수 있게 돕는 것이요. 만들기 활동 후, 다시 이론적인 공부로 넘어갔습니다.

이 프로젝트를 시작한 키워드는 '기후 위기'입니다. 산업화가 시작되면서부터 약 200여 년간 급격히 나빠진 지구환경을 공부하기 위해 국어의 '원인과 결과'를 도구로 활용했습니다. 과학적인 지식이 담긴 지문을 활용하는 만큼 학생들이 새롭게 접하는 어휘가 많을 것이라 예상해, 그때그때 사전을 찾아볼 수 있게 '국어사전' 단원도 도구로 활용했어요.

나아가 '원인과 결과'는 국어 교과서의 예시문이 아니라 환경오염에 관한 지문을 활용하여, 주어진 시간 안에 주제를 자연스럽게 익힐 수 있도록 했습니다.

저는 적절한 지문을 찾기 위해 학교도서관을 찾아 환경오염을 주제로 한 책을 찾아 필요한 부분을 발췌독하여 학습지를 제작하고, 다음과 같은 네 가지 활동을 구성했어요.

> (읽기 중) 지문 안에서 원인과 결과 찾기
> (읽기 중) 자연스럽게 텍스트에서 배경지식 얻기
> (읽기 중) 모르는 낱말 찾아 동그라미 표시하기
> (읽은 후) 찾은 낱말 초성으로 갈래짓고, 나만의 사전 만들기

지문을 읽는 동안 아이들은 기후 위기의 원인을 자연스럽게 학습하였고, 지구 지킴이로서 문제의식을 가졌어요. 다 읽은 다음에는 지문에서 찾은 모르는 낱말을 모아 초성 자음을 기준으로 분류하여 나만의 지구 지킴이 국어사전을 만들었습니다. 이 사전은 걷어서 과정 중심 평가에 활용했어요.

지구온난화 활동지 양식

### Tip.

- 지문을 찾을 때는 다음과 같은 기준으로 골라요
    - 수질오염, 대기오염, 토양오염, 지구온난화를 주제로 하였는가?
    - 3학년 아이들이 읽기 적당한 난이도의 지문인가?
    - 인과 관계가 선명하게 드러나는가?
    - 주제별로 두세 단락으로 간결한 내용에 중심 내용이 명확히 드러나는가?

⑤ 씨앗 4월 22일 지구의 날, 지구에게 편지 쓰기

지구의 날이 되었어요. 4월 5일에 시작한 지구 지킴이 수업은 이제 한껏 무르익었고, 나에게 도와달라고 편지를 보낸 지구의 상황을 알게 된 아이들은 제법 지구에 감정 이입해서 같이 화도 내고 위로해주고 싶은 마음이 생겼어요. 그리고, 그 마음을 편지에 가득 담아냈어요.

지구야 안녕. 나는 3학년 1반 우진이야. 내가 너를 배우는 동안 행복했었지만, 그동안 너를 많이 배워서 고마워. 생물이 살기 편하게 제공해주고 물과 육지를 주어서 참 고마워. 그리고 내가 너에게 약속 하나 할게. 내가 꼭 너를 지켜줄게. 그 대신 부탁 하나 할게. 지금처럼 생물이 살 수 있게 물과 육지, 그리고 온도를 지금처럼 제공해줘. 그리고 너는 참 친절해. 그럼 안녕! 우진이가 편안한 지구를 위해.

안녕! 지구야. 난 홍이야. 아픈 지구를 도와주는 지구 지킴이 대원이지! 난 우주를 좋아해. 그래서 더더욱 열심히 공부했지. 지구-대륙, 바다, 대기, 달-충돌 구덩이, 육지, 바다 등을 배웠지. 가끔 미안했어. 앞으론 더 열심히 도와줄게. 지구의 날에 은성이가.

안녕! 지구야. 난 3학년 1반 원아야. 네가 사랑하는 인간이지. 네가 보내준 미션들을 거의 다 해가고 있으니 걱정 마. 아, 그리고 지구야. 생일 정말 축하해! 그리고 네가 보내준 미션 정말 재미있었어. 아직 다 못했지만. 남은 미션도 열심히 수행할 거야. 지구야, 우리한테 예쁜 계절을 선물해줘서 고마워. 안녕!

안녕, 나는 한율이라고 해. 인간들이 쓰레기 버려서 힘들지? 그리고 우리에게 큰 집을 만들어줘서 고마워. 내가 과학에서 배운 거 딱 하나 알려줄게. 너는 육지보다 바다가 더 넓어. 아프지 마. 아무리 사람들이 쓰레기를 버려도. 다시 우리에게 큰 바다, 큰 육지에 살게 해서 고마워. 나는 너를 외우고 영상을 봤는데, 달과 지구는 친구래. 그런데 달과 지구는 다른 게 많아. 달은 바다가 없고, 지구는 바다가 있고. 달은 인간이 없고, 지구는 인간이 있고. 달은 생물과 동물이 없고, 지구는 생물과 동물이 있고. 이제 안녕!

안녕, 지구야! 난 지구 지킴이 대원 중 한 명, 예진이야. 지구야 네 덕분에 재미있는 활동을 많이 했어. 어떤 건 힘들었지만 좋은 추억이 되었어. 다 네 덕분이야. 고마워. 지구야 네가 안 아팠으면 좋겠어. 배우는 동안 공부, 재미있는 활동, 처음 해보는 활동도 많았어. 지구야, 너는 지금 어떠니? 나는 지금 건강해. 너도 그러면 좋겠다! 나는 네가 실제로 어떻게 생겼는지 많이 궁금해서 열심히 배웠어. 지구야, 고마워!

아이들이 지구에게 쓴 편지

### Tip.

- **지구의 날처럼 계기교육으로 적당한 날이 또 있나요?**

프로젝트 수업은 삶과 연결된 배움을 지향하기에 이런 '○○의 날'에 관련 교육을 하면 시기적절한 교육을 할 수 있습니다. 다음은 교육과정 구성에 활용하면 도움이 될 만한 계기교육 날짜입니다.

1월 - 12일 세계 공정 이용의 날
2월 - 2일 세계 습지의 날, 3일 수어의 날
3월 - 22일 세계 물의 날
4월 - 5일 식목일, 20일 장애인의 날, 22일 지구의 날, 23일 세계 책의 날
5월 - 20일 세계인의 날, 31일 바다의 날
6월 - 12일 세계 아동 노동 반대의 날, 20일 세계 난민의 날
7월 - 3일 세계 일회용 비닐봉투 없는 날, 17일 제헌절, 매년 둘째 수요일 정보 보호의 날
8월 - 13일 세계 왼손잡이의 날, 15일 광복절, 23일 야구의 날
9월 - 6일 자원 순환의 날, 7일 푸른 하늘의 날, 21일 세계 평화의 날
10월 - 1일 세계 채식인의 날, 4일 세계 동물의 날, 9일 한글날, 15일 세계 손 씻기의 날, 25일 독도의 날
11월 - 4일 한글 점자 통일안 발표의 날
12월 - 3일 국제 장애인의 날, 5일 무역의 날

⑥ 표현 냅킨 아트로 북극곰 액자 만들기

미술 시간에는 재활용 상자를 활용한 업사이클링 공예를 했어요. 재활용 상자를 손바닥 크기로 잘라 예술작품으로 만드는 냅킨 아트였어요. 주제에 어울리는 북극곰이 그려진 냅킨을 구매해 북극곰을 잘라 붙이며, 우리는 북극곰이 머물고 있는 빙하가 조금 더 천천히 녹기를 빌었어요.

재활용 상자를 활용한 북극곰 냅킨 아트

⑦ 표현 체육, 플로깅 봉사활동

체육 시간에는 교실을 벗어나 직접 몸을 움직이며 지구 사랑을 실천하기 위해 학교 뒷산을 향해 걸으면서 쓰레기를 줍는 플로깅 봉사활동을 했어요. 산까지 걸어가는 길에서도, 산속에서도, 쓰레기란 쓰레기는 티끌만 한 것 하나 남기지 않겠다는 기세로 속속들이 쓰레기를 줍는 아이들은 얼마 전의 아이들이 아니었어요.

"얘들아, 분명 얼마 전 봉사활동 시간에는 쓰레기 없다고 뛰어다니며 놀지 않았니?"

지구가 숨 쉬기 어려울 것 같다며 매의 눈으로 꼼꼼히 살피는 아이들 모습이 기특했어요.

지구야, 네가 숨 쉴 수 있게 도와줄게!

⑧ 확장 지구 지킴이 캠페인

대장정의 마무리, 캠페인의 날이 되었습니다. 캠페인은 두 가지 활동을 했습니다.

가. 캠페인 포스터를 제작하여 급식실 앞에서 캠페인하기
나. 캠페인 영상으로 지구 지킴이 의지 다지기

지구 지킴이 다짐을 담은 지구 모형

아이들이 만든 캠페인 자료

캠페인 포스터를 들고, 친구들에게 그리고 우리를 감싸고 듣고 있을 지구에게 지구를 보호하겠다는 의지를 공언했어요. 저는 아이들이 연설하는 모습을 녹화하고 편집하여 다른 학년과 가정에 널리 알리고 목소리가 퍼져나갈 수 있게 도왔어요.

### ⑨ 확장 ☼ 배움 점검과 성찰 노트

◆ 배움 점검

프로젝트 마무리 루틴은 체크리스트로 배움을 점검하고 성찰 노트를 쓰는 것입니다. 이어지는 표를 활용해 자기 점검을 하면서 스스로 무엇을 어떤 태도로 배웠는지 점검합니다. 자기 점검을 통해 다음 배움

과정에서 조금 더 진지한 모습으로 참여하길 바라는 마음과, 혹시 놓친 배움이 있다면 이런 것들을 배웠어야 하니 보충하길 바란다는 저의 생각도 담았어요.

| | 프로젝트 마무리 – 이런 것을 배웠어요 | | | |
|---|---|---|---|---|
| | 스스로 점수 매기기 | 3 | 2 | 1 |
| 과목 | 국어: 6. 일이 일어난 까닭 – 원인과 결과 찾기 | | | |
| | 국어: 7. 반갑다, 국어사전 – 국어사전 활용하기 | | | |
| | 과학: 5. 지구의 모습 – 지구와 달 배우기 | | | |
| | 도덕: 4. 아껴 쓰는 우리 – 시간과 물건 아껴 쓰기 | | | |
| | 도덕: 5. 함께 지키는 행복한 세상 – 공익 | | | |
| | 미술: 9. 종이의 변신, 재미있는 만들기 | | | |
| | 체육: 4-2. 움직임 표현하기 | | | |
| | 음악: 안전한 세상 | | | |
| 배움 내용 | 지구의 지형적 특성 알기 – 대륙, 바다, 대기 | | | |
| | 글을 읽고 원인과 결과를 찾고 글로 쓰기 | | | |
| | 나만의 국어사전 만들기 | | | |
| | 상자의 재발견 | | | |
| | 지구 모형 만들기 | | | |
| | 북 아트 활동하며 마음 다지기 | | | |
| | 캠페인 자료 제작하기 | | | |
| | 합계 | | | |

◆ 성찰 노트

성찰 노트를 쓰는 시간이에요. 아이들의 생생한 배움이 담긴 성찰 노트는 프로젝트가 얼마나 아이들에게 가닿았는지 알 수 있게 해주어요. 아이들은 "지구야, 네가 보내준 미션 너무 재미있었어" "천문학자가 되고 싶은데 이번 공부가 도움이 되었어요" "전등은 끄고, 쓰레기를 아무 데나 버리지 않겠다"와 같은 소감을 남겼어요. 성찰 노트 점검을 통해 다음 프로젝트의 주제도 참고하고, 좋았던 점과 보완해야 할 점을 파악해 다음 프로젝트를 진행합니다.

> 이제 정말 햇살 지구 지킴이로서 마지막 시간입니다.
> 긴 프로젝트를 마무리하는 소감을 적어볼게요. 소감에는 꼭 들어가야 할 것이 있어요. 특별히 관심이 갔던, 더 재미있게 활동했던 내용, 즐거웠던 배움, 더 알고 싶은 내용도 좋아요. 캠페인 활동에서 글을 썼는지 그림을 그렸는지, 그때 어떤 생각을 했고 어떤 느낌이었는지도 알려주세요.
>
> ----
> ----
> ----
> ----
>
> 마지막으로, 앞으로 이런 프로젝트를 또 하게 된다면 어떤 주제를 배우고 싶은지도 적어주세요. 선생님은 마음이 활짝 열려있어요. 여러분의 제안을 충분히 들어줄 수 있어요!
>
> ----
> ----
>
> 햇살 지구 지킴이 친구들아! 프로젝트를 하면서 마음에 간직한 멋진 배움과 좋은 추억은 오래 기억하기로 해! 그리고 너희들의 삶 속에, 나 지구를 기억해줘! 안녕!

⑩ 확장 ☀ 배움의 확장

첫 프로젝트였는데 재미있었는지 아이들이 나름대로 자신의 배움을 확장해가는 모습을 보였어요. 책도 빌려 보고 나름대로 우주 백과사전도 만들고요. 이렇게 우리 마음이 닿았다는 사실에 감사하며 프로젝트를 마무리했습니다.

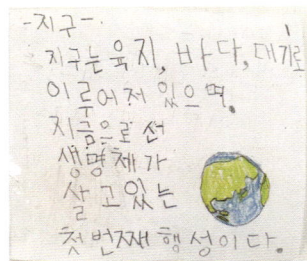
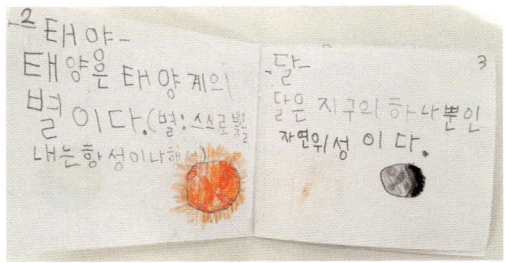

아이들이 만든 우주 백과사전

> 수업 에필로그

## 지구를 품은 교실, 사랑하는 지구를 지켜요

"야! 지구다! 수돗물 아껴 쓰자. 비누와 샴푸도! 언제나 아껴 써. 소중한 지구 지켜. 자연은 소중해요. 오염되면 안 돌아와. 언제나 아껴 써. 아껴 쓰면 무슨 일이 생길까? 바닷물이 깨끗해져. 물고기가 좋아해. 모두 모두 모두 모두 행복해! 수돗물 아껴 쓰자. 비누와 샴푸도! 언제나 아껴 써. 사랑하는 지구를 지켜요!"

'뽀로로' 노래 바꿔 부르기 공모전에서 뽑힌 준영이의 가사에 맞춰 다 같이 신나게 노래를 부르며 46차시의 기후 위기 프로젝트를 마무리했다. 아이들은 마치 지구라는 새로운 친구를 사귀기라도 한 것처럼 지구에게 친근감을 느꼈다. 교실 창가에는 아이들의 약속을 담은 지구가 바람에 살랑살랑 흔들리고 있었고, 복도 쪽 사물함 위에는 아이들이 만든 스트링 지구가 우리를 바라보고 있었다. 교실 뒤 게시판에도 지구 보존 캠페인 포스터가 붙어 있었다. 교실 가득 지구, 지구, 지구였다. 한 달 동안 우리는 지구라는 친구를 그 내부부터 속속들이 배우고 탐구했다. 그리고 지금 이렇게 아픈 지구를 지켜주지 못한 마음에 앞으로 잘 보호해주겠다고 약속까지 땅! 땅! 땅! 했다.

아이들이 너무 대견해 지구 젤리를 선물로 나누어주었다. 케이스에만 지구 그림이 있고 알맹이는 평범한 하늘색 젤리였는데, 평소 조용한 윤아가 눈을 동그랗게 뜨며 말했다.

"선생님, 젤리 안에 마그마가 있어요!"

젤리 안에 들어 있던 빨간 딸기잼을 보고 마그마를 떠올리는 아이들, 과학 시간에 배운 지식을 뽐내는 아이들. 이런 한마디가 선생님을 살린다. 프로젝트 수업은 이 맛에 한다.

쉬는 시간에 보니 아이들 몇 명이 폼클레이로 무언가 하고 있다. 다 같이 둘러앉아 대화하면서 뭘 만들고 있는 모습이 귀여워 머리를 쓰다듬어주었다.

잠시 후 우진이가 나오더니 내게 무언가를 내민다. 파란색 폼클레이로 만든 지구다. 평소 같으면 쓰레기통에 바로 들어갔을 젤리 케이스를 재활용해 지구를 만든 것이다.

"선생님, 페트병 뚜껑에 이거 붙여주실 수 있나요? 집에 가져가서 전시해두려고요."

"와, 재활용으로 지구를 만들다니 진정한 업사이클링 예술이네!"

나는 감탄하고 칭찬하며 글루건으로 지구에 뚜껑을 붙여주었다. 손톱만 한 네 개의 지구가 준 위안이라니. 채린이는 자기 지구를 반 잘라서 보여준

아이들이 빈 껍질을 재활용해 만든 젤리와
빨간 매직으로 표현한 마그마

다. 거기엔 빨간색이 칠해져 있었다.
"선생님, 이건 마그마예요. 제가 그렸어요."
"어머, 너희들 왜 이래, 진짜. 정말 멋지다. 최고, 최고!"
46차시의 대장정, 이십여 일에 걸친 밀도 있는 프로젝트가 끝난 순간이었다.

# 2 감정 | 나는 마인드 리딩 심리상담센터 상담사, 마음을 바라봐요

◆ 프로젝트 개요

| 주제명 | 감정을 알고 표현하고 반응하고, 평정심을 유지하는 방법 알기 | | | | |
|---|---|---|---|---|---|
| 추천 시기 | 2학기 중반 이후 (관계 형성 후) | 관련 교과 | 국어, 도덕, 음악, 미술, 체육 | 차시 | 40 |
| 역량 | 자기 관리 역량, 심미적 감성 역량, 협력적 소통 역량, 공동체 역량 | | | | |
| 재구성 이유 | 감정을 회피하거나 억제하지 않고 있는 그대로 받아들이기란 성인에게도 쉽지 않은 일이다. 하지만 평생 가장 가깝게 지낼 자기 자신과 친해질 수 있는 첫걸음으로 '나 수용하기'는 매우 중요하다. '감정 공부'를 통해 감정을 조금 더 세밀하게 이름 붙이고 그 정도를 수치로 느끼며 자신의 감정을 객관적으로 살펴본다면, 내 감정을 잘 표현하고 타인의 감정을 잘 헤아릴 수 있는 우리가 되어 바르게 소통하고 함께 어울려 사는 태도를 기를 수 있을 것이다. | | | | |

# 교사 교육과정 설계

## ① 교육과정 맥락 잡기 (Why & How)
◆ 감정 프로젝트의 전체 흐름 및 구성 요소

**취지 | 나의 감정을 이해하고 감정의 이름을 알고 건강하게 감정을 표현하는 방법과 말하는 방법을 알기**

감정 이름 알기 → 영화 〈인사이드 아웃〉으로 심리학 공부하기 → 대화의 방법과 마음을 표현하는 글쓰기 배우기 → 나의 취향 알기-음악, 미술, 글쓰기 → 마음 표현하기, 상담하기

**키워드 | 감정**

**국어**
- 바르게 대화해요
- 마음을 담아 글을 써요

**도덕**
- 우리가 만드는 도덕 수업

**음악**
- 〈호두까기 인형〉〈마법사의 제자〉 감상

**미술**
- 재료의 느낌을 살려 그리기

**체육, 창체**
- 운동과 체력

새 학년 교육과정을 분석하면서, 국어 교과의 '바르게 대화해요' 단원을 발견했어요. '적절한 표정, 몸짓, 말투로 말하려면, 자신의 감정을 잘 알아차리고 표현하는 것이 우선이 아닐까?'. 이 생각이 프로젝트의 씨앗이 되었어요.

아무렇게나 감정을 폭발시키는 아이, 감정을 꼭꼭 숨기는 아이, 작은 일에도 민감해서 신체적인 반응이 먼저 나오는 아이, 언제나 내가 중심에 있고 싶다는 신호를 보내는 아이. 교실에는 다양한 아이들이 모여 살죠. 아직 감정 분화가 덜 된 아이들은 감정을 두루뭉술하게 이야기하거나 감정 표현이 서툴러요. 수많은 감정 어휘가 있음에도 몇

가지 단어로 모든 감정을 표현하곤 하죠. 특정 감정을 나쁜 감정으로 여기곤 자신의 마음에 나쁜 감정이 떠오를 때마다 그것을 무시하거나 회피하려 애쓰다가 결국 그 감정에 더욱더 매달리는 모습을 보이기도 하지요.

담임이 되어 아이들을 만나면 겉으로만 보는 게 아니라 속도 보게 되잖아요. 교실에서 비속어나 욕설을 불쑥 던지는 아이들도 깊이 살펴보면 악의가 있어서라기보다는 자신이 느끼는 감정의 정확한 이름을 모르고, 자기 마음을 어떻게 표현해야 할지 몰라 순간적으로 튀어나온 경우가 많았어요. 그럴 땐 욕하지 말고 이렇게 표현해보자고, 지금 네가 느끼는 감정은 이거라고 말해주고 싶었어요. 내향적인 아이에게는 표현하지 않고 삭인 감정을 드러내는 방법을, 자기 감정을 가감 없이 내뿜는 아이에게는 스스로 조절할 수 있는 방법을 알려주고 싶었어요.

우리는 감정을 제대로 느끼고 표현하는 방법을 이야기해야 해요. 시시각각 들고 나는 감정이니까 일시적으로 말고 조금 더 길고, 정확하게요. 감정을 솔직하게 표현하되 남에게 손해를 끼치지 않는 방법을 아는 우리라면 함께 지내는 교실을 조금 더 평온한 안전기지로 꾸려나갈 수 있을 것 같았어요. 감정 공부를 통해 평생 가장 가까운 타인인 자기 자신과 친하게 지내면서 좋은 삶을 살 수 있기를 응원하는 마음으로, '감정' 프로젝트를 준비했어요.

이 프로젝트는 독특하게 교과 내용이 아니라 제가 지속적으로 느껴오던 감정 교육의 필요성이 씨앗이 되었어요. 감정을 잘 표현하는 도구로 의사소통 예절을 알고 마음을 전하는 글을 쓰기로 했어요. 음악, 미술, 체육 활동을 통해 들끓는 감정에서 한 걸음 물러나 나의 감정을 바라보고, 행동을 선택할 수 있는 방법도 생각해보기로 했어요. 감정 공부를 바탕으로 바르게 대화하고 어울려 사는 태도를 길러 고민 상담 활동으로 마무리하며 평화로운 교실 문화를 만들고 싶었어요. 감정을 다룬 영화 〈인사이드 아웃〉을 활용하기로 했습니다.

| 주제 및 취지 | | [감정] 나의 감정을 이해하고 건강하게 표현하는 방법 알고 실천하기 |
|---|---|---|
| 씨앗 | 상황 | ▪ 감정 표현에 미숙한 상황으로 인한 학급 내 갈등 상황 |
| 도구 | 국어 | ▪ 대화 방법<br>▪ 자신의 감정을 파악하고 예의 바르게 표현하기 |
| | | ▪ 마음 표현<br>▪ 내 감정을 정확히 서술하여 마음을 전달하는 방법, 상대방의 감정을 배려하는 방법 익히기 |
| 표현 | 음악 | ▪ 나만의 플레이리스트 공유하기 |
| | 미술 | ▪ 다양한 재료의 느낌을 살려 내 감정 표현하기 |
| | 체육 | ▪ 내가 선호하는 체육 활동 알기 |
| 확장 | 창체 | ▪ 상담 활동<br>  - 나에게 약 처방하기<br>  - 친구 상담하기 |

② 세부 계획 세우기

감정 프로젝트에서는 개인의 경험을 나누고 그때 어떤 감정을 느꼈는지 솔직히 표현하며 자연스럽게 감정을 수용하는 법을 배웁니다. 그래서 다른 학습과는 달리, 그동안 학교라는 공적인 장소에서 꺼내보지 않은 사적이고 개인적인 경험을 드러낼 수 있지요. 마지막에는 서로의 고민과 마음을 들어주고 나름의 대안을 제시하는 상담사 활동으로 마무리합니다. 그렇기 때문에 프로젝트 실시 시기는 교실 내 아이들이 서로에 관해 어느 정도 이해와 포용의 마음을 가지고 있는, 관계 형성이 보다 탄탄해진 2학기가 적합합니다. 저는 10월 중순 이후에 실시했어요.

◆ 프로젝트 내내 교사의 북극성이 되어주는 탐구 주제

| 탐구 주제 | ▪ 감정의 종류를 이해하는가?<br>▪ 감정을 언어적, 음악적, 심미적 방법으로 잘 표현할 수 있는가?<br>▪ 타인의 감정을 수용하고 마음을 헤아릴 수 있는가? |
|---|---|

◆ 전체 프로젝트의 밑그림이 되어줄 설정들, GRASPS, 수행 과제, 평가 준거

| 수행 과제 | ▪ GRASPS<br>학생들은 심리상담센터 상담사(R)가 되어 감정 공부를 합니다. 첫 고객으로 자신(A1)을 맞이하여 자신의 마음을 들여다보고 감정을 배웁니다. 자신의 마음을 글, 그림, 음악, 신체로 표현(P)합니다. 이야기 속 주인공에게 예절에 맞게 글과 말로 마음을 전하고(S), 마지막 고객으로 친구(A2)를 만나 친구의 감정을 받아주고 상담(G)해 줍니다.<br><br>▪ 수행 과제 1. 내 안의 소중한 감정을 알아보기<br>▪ 수행 과제 2. 다양한 미술 도구의 특징을 알고 미술작품으로 자신 표현하기<br>▪ 수행 과제 3. 마음이 단단해지는 음악, 체육 활동하기<br>▪ 수행 과제 4. 대화 예절을 알고 상황에 맞게 말하는 방법 배워 이야기 속 인물의 감정 헤아리고 마음 전하기<br>▪ 수행 과제 5. 상담의 날을 맞아 서로가 서로에게 상담사가 되어 상담해주기<br><br>▪ 평가 준거 1. 자신의 감정을 전달할 수 있는가?<br>▪ 평가 준거 2. 타인의 감정을 헤아릴 수 있는가?<br>▪ 평가 준거 3. 다양한 재료의 느낌을 살려 그림으로, 인물의 감정을 파악하며 역할극으로, 이야기와 어울리는 곡으로 표현할 수 있는가? |
|---|---|

*GRASPS: Goal 목표  Role 역할  Audience 청중  Situation 상황  Product 산출물  Standards 준거

◆ 프로젝트 전체 흐름

| 차시 | 교과 | 단원 | 흐름 | 학습지 | 평가 |
|---|---|---|---|---|---|
| 1~2 | 국어 | 5. 바르게 대화해요 | • 프로젝트 소개하기<br>• 감정을 주제로 한 그림책 읽기 | ☑ | |
| 3~4 | 도덕 | 우리가 만드는 도덕 수업 | • 감정의 의미 알기<br>• 감정을 주제로 두 마음 토론하기<br>• 빙고 게임, 감정 카드 모으기, 감정 다섯 고개 게임 하기 | ☑ | ☑ |
| 5~6 | 도덕 | 우리가 만드는 도덕 수업 | • 분노조절장애에 대해 배우기<br>• 화에 대해 알기 – 그림책 읽기<br>• 바람직한 감정 표현하기 | ☑ | ☑ |
| 7~8 | 음악 | 감정을 다룬 음악 | • 다양한 노래를 감상하고 음미하기 | ☑ | |
| 9~12 | 국어 | 5. 바르게 대화해요 | • 대화할 때 고려할 점 알기<br>• 대상에 따른 알맞은 높임 표현 알기<br>• 전화할 때 예절 알기<br>• 상황에 어울리는 표정, 몸짓, 말투 알기 | ☑ | ☑ |
| 13~14 | 국어 | 6. 마음을 담아 글을 써요 | • 〈인사이드 아웃〉 영화 보기 | | |
| 15~16 | 체육 | 운동과 체력 | • 여러 가지 게임 하기 | | |
| 17~20 | 국어 | 6. 마음을 담아 글을 써요 | • 영화 속 상황들을 활용하여 배우기<br>  - 마음을 전해야 하는 여러 가지 상황<br>  - 인물이 경험한 일과 그때의 마음<br>  - 인물 마음 헤아려 쓰기<br>  - 이야기 속 인물과 이야기하기<br>  - 읽을 사람의 마음을 생각하며 자신의 마음 전하기 | ☑ | ☑ |
| 21~22 | 국어 | 5. 바르게 대화해요 | • 언어 예절을 지켜 영화 속 한 장면 역할극 하기 | | ☑ |
| 23~24 | 미술 | 8. 그리기 재료의 느낌을 살려 | • 〈인사이드 아웃〉 컬러 비즈 팔찌 만들기 | | |
| 25~26 | 국어 | 6. 마음을 담아 글을 써요 | • 컬러 비즈 팔찌에 담은 나의 감정 소개하는 글 쓰기 | | |
| 27~28 | 미술 | 8. 그리기 재료의 느낌을 살려 | • 파스텔, 수채물감, 색연필 등으로 내가 느끼고 싶은 감정, 자주 느끼는 감정 표현하기 | ☑ | ☑ |
| 29~32 | 미술 | 8. 그리기 재료의 느낌을 살려 | • 나도 에릭 칼<br>  - 다양한 도구의 사용법을 익히고, 내 취향에 맞는 도구로 동화 한 장면 표현하기 | ☑ | ☑ |
| 33~34 | 음악 | 〈호두까기 인형〉 〈마법사의 제자〉 | • 감상하기<br>  - 나만의 플레이리스트 공유하기 | | |
| 35~36 | 체육 | 운동과 체력 | • 생활에서 체력 운동 실천하기<br>  - 내가 좋아하는 운동 | | ☑ |
| 37~38 | 국어 | 6. 마음을 담아 글을 써요 | • 자신의 고민을 적고 상담센터에서 상담 활동하기 | ☑ | ☑ |
| 39~40 | 국어 | 5. 바르게 대화해요 | • 자신의 감정을 헤아리는 약 봉투 만들기 | | |

# 2 프로젝트 수업 A to Z

① 첫날

다시 돌아온 프로젝트 수업. 이제 아이들은 프로젝트 수업을 하지 않는 중에도 묻곤 해요.

"선생님, 다음 프로젝트는 언제 해요?" "선생님! 다음 프로젝트 주제는 뭐예요?"

이런 질문은 언제나 반갑고 감사하지만, 감정 프로젝트를 준비하면서는 특히나 좋았어요. 제가 고민했던 공부였고, 즐겁게 할 수 있으리라는 예감이 있었어요. 학습지를 나눠주자마자 아이들이 큰 관심을 보였어요.

"저 이 영화 봤어요!" "어, 나 어디서 이거 봤는데……." "선생님, 재미있을 것 같아요!"

눈치 빠른 아이들은 학습지를 후루룩 넘기면서 극장에서 봤던 영화 이야기를 했어요. 설렘 가득한 기대 평은 언제나 감사해요. 그게 10점 만점이면 더더욱이요.

"이번 프로젝트는 감정 프로젝트야. 자, 우리 햇살반 친구들. 워밍업으로 지금 내 감정을 말로 표현해볼까? 지금 마음이 어때?"

아이들은 와글와글 오늘의 기분과 마음을 표현합니다. 이런 시간이면 우리 반 학생 수만큼의 세상이 교실에 들어찬 것을 알 수 있어요. 아침에 엄마가 끓여준 국을 맛있게 먹고 온 아이도 있지만, 편의점 빵을 먹으면서 학교에 온 아이도 있어요. 그러니 감정의 잣대는 다 다를 수밖에 없고요.

"선생님은 감정 공부가 수학 문제 하나 더 푸는 것보다 백 배는 중요하다고 생각해. 내 감정을 있는 그대로 바라보고 느끼는 사람은 자기 삶을 잘 꾸려나갈 힘이 있는 사람이거든. 하지만 그게 참 어려워. 그러니 우리 잘 배워보자. 잘 살기 위해서 말이야. 먼저, 프로젝트 편지 한 번 읽어볼까?"

약간은 낯선 이야기, 늘 마음에 떠오르고 사라지는 감정을 공부까지 한다는 제 이야기에 아이들은 호기심과 궁금증이 반반 섞인 얼굴로 듣다가 고개를 숙이고 편지를 읽기 시작했어요.

---

안녕! 햇살초 3학년 친구들.

지구적인 시각으로 우주를 바라본 친구들. 이번엔 아무것도 바라보지 않고 눈을 감고 내 안의 나를 바라보면 어떨까? 내가 없으면 아무리 드넓은 우주도 사라지는 것이니까, 눈감고 바라본 나는 어쩌면 우주보다도 더 큰 존재가 아닐까?

"짜증 나." "좋아." "싫어." 우리는 하루에도 몇 번씩 감정을 표현하며 살지. 조금 전 친구에게 반가운 메시지를 받고 좋은 마음, 내가 기르는 강아지가 나를 바라보며 꼬리를 흔들 때 좋은 마음, 맛있는 초코케이크를 한 입 먹기 전의 좋은 마음, 엄마 아빠가 꼭 안고 뽀뽀해주실 때의 좋은 마음. 우리가 느끼는 좋은 마음들은 '좋은' 마음이라는 것은 같지만, 그 마음들이 다 같은 걸까?

우리는 하루 내 수많은 일을 겪고, 우리 뇌는 순간순간 상황 판단을 내려서 그것들에 대처하게끔 해. 그런 생각들이 왔다 갈 때마다 마음속에서는 감정도 함께 생긴단다. 나에게 벌어진 일에 대한 감정이 올라올 때면 감정을 어떻게 표현하고 싶은데 뭐라고 표현해야 할지 몰라 답답한 적은 없었니? 우리 친구들 마음속에는 수백 수천 가지의 보석들이 자리 잡고 있는데 그 보석들을 너무 단순하게 이름 부르는 건 아닐까? 세상에 존재하는 수많은 색을 무지개의 일곱 빛깔로 요약하는 것처럼 말이야.

색 스펙트럼을 봐봐, 같은 빨강 계열이어도 빨강은 아주 다양하단 말이지. 우리 감정도 마찬가지란다. 이번 프로젝트에서 우리 친구들은 감정을 살펴볼 거야. 우리 마음에 떠오르는 감정들을 알고 조금 더 구체적인 이름으로 불러주었으면 해. 그리고 내가 겪는 감정의 이름을 알고 그 정도를 아는 거지. 엄마가 나와 동생을 차별해서 단순히 '짜증 나는 것'이 아니란다. 차별하는 엄마가 원망스럽고, 동생에게 시기하는 마음이 일고, 그걸 알면서도 깐죽거리며 나를 놀리는 동생이 괘씸하고, 이런 내 마음도 몰라주는 엄마가 답답하고 섭섭한 거야. 그리고 이 서운함은 지난번 엄마가 키가 훌쩍 컸다며 언니에게만 예쁜 옷을 사줬을 때와 비교해서 1/3 정도의 서운함이야. 그 정도의 서운함은 내가 좋아하는 바닐라 아이스크림을 먹으면 금세 풀리곤 하지.

나는 너희가 이런 것을 아는 사람으로 자랐으면 좋겠어. 조금 더 자기의 마음을 들여다보고, 자신을 있는 그대로 받아들이고 사랑할 수 있는 사람. 그래서, 자신의 마음과 타인의 마음을 따뜻한 시선으로 바라볼 줄 아는 사람으로 말이야. 할 수 있지?

너희들은 이번 프로젝트에서 햇살 마인드 리딩 심리상담센터 심리상담사가 되어 감정의 이름을 알고 내 감정을 바라보고 표현하는 방법, 친구에게 예의 바르게 말하는 방법, 친구의 감정에 반응하는 방법을 배울 거야. 그리고 마지막에는 또래 상담을 통해 타인의 마음을 헤아려 살피고 마음을 전하는 공부를 할 거란다. 잘할 수 있지? 자, 시작해볼까?

-국제 마인드 리딩 심리상담협회 대표 드림.

| 프로젝트 시작 전 나의 마음 | | 프로젝트 시작과 끝, 나의 마음을 적으며 배움에 대한 태도를 다진다. |
|---|---|---|
| 나는 감정 전문가로서 내 안의 소중한 감정을 바라보고 표현하는 방법을 탐구하겠습니다. | _____(인) | 따라 쓰며 다짐할 수 있게 만든 서약 조항 |

    두근대는 프로젝트의 시작이에요. 꼭 하고 싶었지만 '어떻게 접근할까?' 종종 고민하던 '감정'을 제대로 공부할 수 있는 40차시 프로젝트 수업의 시작이었습니다.

② 씨앗 감정 공부하기

프로젝트를 시작할 때는 비행기가 순조롭게 이륙하듯 편하고 안정적인 출발을 위해 그림책을 활용하는 경우가 많은데, 이번 프로젝트는 특히나 더욱 그랬어요. 편안하게 자기 마음을 표현하고 받아주는 분위기를 형성하는 게 중요했거든요.

프로젝트 시작 2주 전부터 아래 사진과 같이 칠판 아래 그림책을 전시했어요. 저희 반의 경우 학교도서관 사서 선생님의 추천 도서를 참고해 '감정'을 소재로 한 그림책 위주로 선정하였습니다. 아이들은 관심을 보이며 수시로 책을 가져다 읽었고, 저도 틈이 날 때마다 읽어주었습니다.

프로젝트 2주 전부터 교실에 전시한 감정 주제 그림책

읽은 후에는 "이 책에 나오는 감정은 어떤 감정일까요?" "이런 감정이 찾아온 적이 있나요? 경험을 나눠볼까요?" "그때 어떻게 대처하거나 표현하였나요?" "그때의 나에게, 혹은 친구에게 해주고 싶은 말이 있나요?" "이런 감정을 색에 비유하면 어떤 색일까요?"와 같은 질문으로 자신의 감정을 돌아보도록 하여 감정을 이야기하는 것이 자연스러운 분위기를 형성했습니다.

**Tip.**

- **교실에 전시한 그림책 목록을 알려주세요!**

『행복한 가방』 (김정민 글·그림, 북극곰, 2018)
학교 교육 때문에 답답한 마음을 풀어주는 그림책

『만만해 보이지만 만만하지 않은』 (줄리아 사그라몰라 글·그림, 이세진 옮김, 푸른숲주니어, 2020)
아리송하고 미묘한 감정을 어떻게 해석하고 받아들일지 생각해볼 수 있는 그림책

『아 진짜』 (권충성 글, 이장미 그림, 어린이아현, 2018)
'아 진짜' 세 글자와 삽화만으로 꽉 찬 그림책

『아주 무서운 날』 (탕무니우 글·그림, 홍연숙 옮김, 찰리북, 2014)
발표를 앞두고 떨리고 무서운 마음을 표현한 그림책

『나 진짜 화났어!』 (폴리 던바 글·그림, 김효영 옮김, 비룡소, 2019)
화난 아이의 감정을 차분하게 다스리는 방법을 알려주는 그림책

『화가 나서 그랬어!』 (레베카 패터슨 글·그림, 김경연 옮김, 현암주니어, 2016)
자꾸만 화가 나는 아이의 속마음을 따라가며 공감할 수 있는 그림책

『화가 났어요』 (게일 실버 글, 크리스틴 크뢰머 그림, 문태준 옮김, 불광출판사, 2010)
어린이가 스스로 화를 다스려 평온한 마음이 되도록 도와주는 책

『화가 둥! 둥! 둥!』 (김세실 글, 이민혜 그림, 시공주니어, 2009)
보이지 않는 화를 고릴라로 형상화한 화를 잘 내는 아이를 위한 그림책

『혼나기 싫어요!』 (김세실 글, 폴린 코미스 그림, 나무말미, 2021)
혼나는 아이의 마음을 그린 그림책

『그 녀석, 걱정』 (안단테 글, 소복이 그림, 우주나무, 2018)
내 마음의 어두운 그림자 걱정에 대해 이야기하는 그림책

『42가지 마음의 빛깔』 (크리스티나 누녜스 페레이라, 라파엘 R.발카르셀 글, 가브리엘라 티에리 외 그림, 남진희 옮김, 레드스톤)
수많은 감정의 세계를 여행할 아이들을 위한 감정 가이드북

『화내지 않고 상처받지 않는 어린이 감정 사전』 (박선희 글, 윤유리 그림, 책읽는달, 2018)
어린이가 자신이 느끼는 감정을 잘 이해하고 표현하는 법을 배울 수 있는 책

『슬픔이 찾아와도 괜찮아』 (에바 엘란트 글·그림, 서남희 옮김, 현암주니어, 2019)
슬픔이란 감정이 낯선 아이에게 들려주는 따뜻한 위로 같은 책

『네 기분은 어떤 색깔이니?』 (최숙희 글·그림, 책읽는곰, 2023)
자기표현에 서툰 아이들에게 감정을 색으로 표현해보라고 다정하게 말을 거는 책

『미움』 (조원희 글·그림, 만만한책방, 2020)
'미움'이라는 감정을 따라 마음 여행을 떠나, 마음을 탐구하는 책

『가슴이 콕콕』 (하세가와 슈헤이 글·그림, 김숙 옮김, 북뱅크, 2017)
서로 엇갈리고 화해하며 멋진 우정을 이어가는 아이들 이야기

이제 본격적으로 '감정'을 이야기할 차례가 되었어요. 감정이 무엇인지 사전적인 의미를 가장 먼저 찾아본 후, 일곱 가지 활동을 따라가며 점차 깊이 있는 배움을 이어갔어요.

### ㉮ 두 마음 토론: '감정은 있어야 한다 vs 없어야 한다'로 역할 나누어 토론하기

감정은 있어야 하는 것이 맞지만, 감정이 정말 필요한 것인지 생각해 볼 수 있는 활동이에요. 세 명씩 모둠 짓고, 사회자, 찬성, 반대 역할을 정해주어 내 생각과 다른 입장도 고려해볼 수 있도록 했습니다. 순조로운 토론을 위해 평소 논리적인 말을 잘하는 아이에게 '감정, 없어야 한다' 역할을 주었어요.

감정 분류하기 게임을 하는 아이들

㉯ **감정 분류하기: 부정적인 감정과 긍정적인 감정으로 분류하기**

1. 감정 카드를 인원수에 맞춰 모두 나눠준다.
2. 바닥에 카드를 쌓을 수 있는 빨간 색지와 노란 색지를 두고, 각각 부정적인 감정과 긍정적인 감정을 쌓도록 안내한다.
3. 돌아가며 카드를 내밀고, '긍정'인지 '부정'인지 분류하여 쌓는다.

이때 구별이 어려운 감정이나 낯선 감정 어휘인 경우 머리를 맞대고 토의하며 해결하여 협동하며 배울 수 있도록 하고, 어려운 단어는 사전을 찾아보도록 했어요.

㉰ **감정 카드 모으기: 카드를 내밀어 소수의 감정을 내민 사람이 카드 갖기**

1. 세 명씩 모둠 짓고, 감정 카드를 인원수에 맞춰 나눠준다.
2. "하나, 둘, 셋!" 구호에 맞추어 감정 카드를 내민다.
3. 긍정과 부정 중 더 적은 유형의 감정 카드를 내민 사람이 세 장을 모두 갖는다.
   예) 슬프다, 외롭다, 기쁘다. 세 장인 경우, '기쁘다'를 내민 사람이 모두 갖는다. 행복하다, 설레다, 비참하다. 세 장인 경우, '비참하다'를 내민 사람이 모두 갖는다.
4. 감정 카드를 가장 많이 모은 사람이 이긴다.

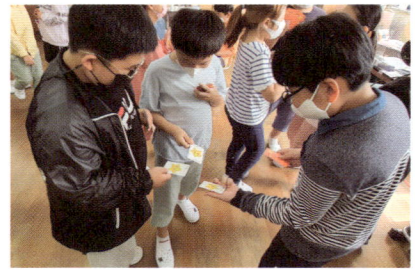 

감정 카드 모으기 게임을 하는 아이들. 왼쪽은 3학년 아이들과 진행한 사진이고 오른쪽 사진은 같은 프로젝트를 6학년 아이들과 진행한 사진이다. 감정 공부는 사춘기를 막 시작한 6학년 아이들에게도 정말 필요한 공부였고, 평소에 나누지 않는 속마음을 우리는 공부를 통해 나눌 수 있었다. 서로에 대한 이해와 배려가 깊어진 것은 말할 것도 없다.

게임의 규칙을 이렇게 정한 이유는, 긍정적인 감정도 부정적인 감정도 모두 나의 감정이라는 메시지를 주고 싶었기 때문입니다. 부정적인 감정 카드를 내밀어 이기는 경험을 함으로써 부정적인 감정도 자연스럽게 받아들이고, 어느 감정이 더 우위에 있지 않다는 것을 느끼도록 하고 싶었어요.

### ㉮ 감정 이름 알기: 감정 어휘의 사전적 의미 찾기

조금 어려울 수도 있는 학습이에요. 다음과 같은 감정 어휘표를 활용해 이제까지 감정 카드를 통해 익숙해진 감정의 종류를 '기쁨' '슬픔' '불안' '상처' '당황' '분노'로 분류하고 각 감정의 사전적 의미를 찾아봤어요. 어떨 때 이런 감정을 느끼는지 개인적인 경험도 공유하면서 서로의 감정을 편하게 나눌 수 있는 시간을 가졌어요.

| 기쁨 | 슬픔 | 불안 | 상처 | 당황 | 분노 |
|---|---|---|---|---|---|
| 감사하는 | 실망한 | 두려운 | 질투하는 | 격리된 | 툴툴대는 |
| 믿는 | 비통한 | 스트레스받는 | 배신당한 | 시선 의식하는 | 좌절한 |
| 만족한 | 후회되는 | 취약한 | 격리된 | 외로운 | 짜증 나는 |
| 흥분한 | 우울한 | 헷갈리는 | 충격받은 | 열등한 | 방어적인 |
| 느긋한 | 마비된 | 당혹스러운 | 궁핍한 | 죄책감의 | 악의적인 |
| 안도하는 | 염세적인 | 회의적인 | 희생된 | 부끄러운 | 안달하는 |
| 신이 난 | 눈물이 나는 | 걱정스러운 | 억울한 | 혐오스러운 | 구역질 나는 |
| 자신감 넘치는 | 낭패한 | 조심스러운 | 괴로워하는 | 한심한 | 노여워하는 |
|  | 환멸을 느끼는 | 신경 쓰이는 | 버려진 | 헷갈리는 | 성가신 |

– 출처: 하버드 대학교 심리학자, 수전 데이비드 감정 분류표

### ㉯ 감정 빙고 놀이: 감정 이름으로 빙고 놀이하기

다양한 어휘를 배웠으니 배운 어휘를 활용하여 빙고 놀이를 했어요.

### ㉄ 감정 다섯 고개 놀이: 배운 감정의 의미를 다양한 방법으로 표현하기

1. 둘씩 짝지어 친구 등에 적힌 감정을 얼굴 표정만으로 설명한다.
2. 친구 등에 적힌 감정을 말이 아닌 몸짓으로 설명한다.
3. 친구 등에 적힌 감정을 관련 상황으로 설명한다.
4. 감정을 맞히면 "당신은 감정이 풍부하군요!", 틀리면 "감정이 메말랐군요!"라고 반응한다.

감정 다섯 고개 게임을 하는 아이들

이 활동의 목적은 친구의 등에 적힌 감정을 어떨 때 느끼는지 말로 표현해보는 것이었어요. 아이들은 표정과 행동으로만 감정을 설명하는 걸 어려워하다가, 마침내 말할 수 있게 되자 신나게 이야기했어요. 수준 높은 문제를 먼저 해결하고 나니 보통의 문제도 쉽게 느껴지는 효과랄까요? 돌아다니며 아이들의 답답한 표정과 맞추고 뿌듯한 표정을 바라보는 저의 감정은 '흡족하다'였습니다.

### ㊺ 나만의 감정 사전 만들기

『아홉 살 마음 사전』(박성우 글, 김효은 그림, 창비, 2017)처럼 우리 반 아이들의 마음 사전 책을 만들어보았어요. 그 순서는 다음과 같아요.

1. 감정 어휘를 공부하면서 자신의 생생한 경험이 떠오르는 어휘를 고른다.
2. A4 색지에 나의 감정 어휘를 말과 그림으로 표현한다.
3. 색지를 반으로 접어 뒷면에 풀을 발라 차곡차곡 모으면 A4 절반 크기의 우리 반 감정 사전이 만들어진다. 표지와 책등은 지원자를 받아 따로 디자인하여 붙인다.

| 햇살반<br>마음 사전 | • 여유롭다: 주말에 나른하게 침대에 누워 있을 때<br>• 답답하다: 감정 사전을 찾아도 내가 느끼는 감정이 어떤 것인지 모를 때<br>• 짜증 난다: 글씨 쓰기 귀찮아서 날아다니고 있는 내 글씨를 볼 때<br>• 당황스럽다: 숙제를 힘들게 했는데, 학교에 가보니 없어졌을 때<br>　　　　　　　내가 싫어하는 친구가 놀자고 해서 싫다고 했는데 왜 그러냐고 물을 때<br>• 화나다: 단짝 친구가 나를 뒷담화한 것을 알았을 때<br>　　　　　숙제해놨는데 오빠가 찢었을 때<br>• 기쁘다: 엄마가 치킨을 시켜주셨을 때, 시험 100점 맞았을 때 |
|---|---|

③ 씨앗 💡 영화 온작품 감상하기

2015 개정 교육과정부터 국어 교과서에 '독서 단원'과 '연극 단원'이 생기면서, 작품의 요약본이나 일부분을 읽는 것이 아니라 작품 전체를 온전히 감상하는 것의 중요성이 부각되었죠. 이는 책뿐만 아니라 영화에도 해당해요.

짧은 영상이 익숙한 아이들과 온전한 영화 한 편을 보고 톺아보는 시간을 가졌어요. 국어 시간에 배워야 할 내용 요소를 영화를 통해 어떻게 풀어나갈지 고민해 학습지를 제작했습니다. 교실에서 영화를 보면 놀이 활동으로 착각하기 쉽기에, 먼저 어디에 중점을 두고 영화를 봐야 할지 안내한 후 상영을 시작했어요.

영화 감상이 끝난 후에는 학습지를 풀이하며 영화를 통해 배울 수 있는 감정 공부를 이어갔어요. 실제로 〈인사이드 아웃〉 영화는 각 심리학 분야의 전문가들이 오랜 고증을 통해 제작했다고 하니, 감정 공부에 적합한 또 하나의 씨앗이었습니다.

캐릭터 분석을 통해 기쁨, 슬픔, 소심, 까칠, 분노 감정에 대해 심층적으로 다루고, 조금 어렵긴 해도 억제, 억압, 퇴행과 같은 심리학 언어도 배웠어요. 영화 속 주인공의 상황에 빗대어 설명하니 아이들도 쉽게 이해하고, 자신의 경험까지 발표하며 즐겁게 공부했어요. 마지막으로 이야기 속 인물에게 마음을 전하는 한마디 글을 쓰고 영화 온작품 활동을 마무리 지었어요.

④ 도구 📖 나의 감정 표출하기

이즈음 교실에는 새하얀 새털구름이 나부끼는 듯 뭔가 보드라운 느낌이 가득했어요. 즐거움이나 유쾌함과는 다른 느낌이었어요. 이십여 년 동안 아이들을 만나면서 한 번도 느껴보지 못한 분위기였는데, 내 감정을 다루고 표현하는 법과 친구의 감정을 존중하는 법을 배우다 보니 우리는 자연스럽게 서로를 수용하게 되었어요. 서로가 감정을 편하게 표현하고, 있는 그대로 존중해주는 분위기는 꿈꾸던 안전기지 같았어요.

'찬우는 저럴 때는 당황스럽구나.' '호진이는 슬플 때는 힙합을 듣는구나.' '은우는 마음이 복잡할 때는 강아지 산책을 시키는구나.'

아이들은 어느새 서로에게, 그리고 저에게 마음을 더 열었습니다.

### ㉮ 내 마음의 섬 표현하기

"자, 이제 영화 속 활동을 두 가지 해볼 거예요. 첫 번째로는 '내 마음의 섬'을 만들 거예요. 주인공 라일리가 엄마 지갑에서 돈을 훔칠 때 마음속 '정직섬'이 무너지는 것을 보았죠? 우리 모두 마음속에 나의 섬을 가지고 있어요. 우리 반 친구들은 어떤 섬을 가지고 있나요?"

그림 그리는 것을 좋아하는 아이는 '예술섬', 친구랑 꼭꼭 붙어 다니는 친구는 '우정섬'을 표현했어요. 가장 많은 섬은 '사랑섬'이었는데, 아이의 인생 속, 사랑이 충만했던 순간은 소소하게 아름다웠어요.

### ㉯ 3학년의 핵심 기억 표현하기

"두 번째 감정 표현은 "핵심 기억입니다. 3학년이 되어 생긴 핵심 기억을 표현해볼까요?"

〈아이들이 표현한 핵심 기억〉
- 어느 식목일에 우리 반에 나무가 들어왔다. 우리와 선생님은 나무에게 '햇살이'라는 이름을 지어주었다. 또 크리스마스가 되면 트리로 만들어줄 거다. 트리로 이름으로 살짝 바꾸면 햇빛트리(해피트리)가 된다. 햇살아, 사랑해!

- 나의 핵심 기억은 병아리와 오리를 보고 심쿵했던 순간이었다. 너무 귀여워!
- 3학년 1학기 동물 프로젝트 때, 병아리와 오리를 키웠다. 병아리와 오리에게 손을 내밀었다. 왔다 갔다 하더니 손 쪽으로 걸어왔다. 그때를 잊을 수 없다.
- 병아리와 오리를 만나 행복했던 날들. 식목일에 온 해피트리. 산에 가서 등산도 하고 쓰레기도 주웠을 때. 향교에 갔을 때.
- 어느 날 지구 프로젝트를 시작했다. 과학에서 지구와 달을 배우고 지구 모형을 만들었다. 우주가 무서운 나에게는 조금 무서웠다. 하지만 프로젝트가 끝난 지금은 매일 밤 달을 보고 있다.

아이들이 작성한 우리 반 핵심 기억 책

⑤ 표현 음·미·체에 강한 사람

- 음악: 나의 플레이리스트 공유하기
- 미술: 다양한 채색 도구로 마음 표현하기
- 체육: 몸 놀이, 신체활동으로 표현하기

나의 취향을 찾아보는 활동을 통해 어떤 감정이 찾아왔을 때 무엇을 하는 것이 기분 전환에 도움이 되는지 공부했어요. 속상할 때는 그림을 그리는 것이 좋은지, 노래를 듣는다면 힙합을 듣는 게 좋은지 클래식을 듣는 게 좋은지, 달리기나 축구를 하면 좋은지, 그런 것들을요. 이 과정을 통해 자신의 감정을 그대로 받아들이고, 본인 취향을 조금 더 뾰족하게 탐구할 수 있으리라 생각했어요.

이렇게 구체적으로 자신의 취향을 고민해본 적도, 친구의 취향을 공유해본 적도 없는 아이들은 자유롭게 자신을 표현했고 서로를 더 알아갈 수 있었어요.

⑥ 표현 너에게 위안을 줄게, 감정 팔찌 만들기

음·미·체 활동을 통한 기분 전환도 필요하지만, 감정이 휘몰아칠 때는 즉각적으로 마음을 기댈 무언가도 필요하죠. 그래서 실물로 곁에 둘 수 있는 물건인 '감정 팔찌'를 만들었어요. 여러 색 비즈가 들어있는 구슬과 낚싯줄을 나눠주면서 말했어요.

"프로젝트 시작할 때 감정의 스펙트럼 봤던 기억나나요? 오늘은 그 스펙트럼을 구성하는 구슬들을 가지고 왔어요. 우리 반 친구들, 수십 개의 구슬을 받았는데요, 각 구슬에 우리 친구들 마음속 감정을 하나씩 담아보세요."

"선생님, 그런데 여기 큰 구슬이 하나 있는데요?"

똘똘이 홍이가 다른 구슬과 크기가 다른 구슬을 발견했어요.

"하하. 선생님이 숨겨둔 왕구슬을 홍이가 찾았군요. 그 구슬은 마법의 구슬이에요. 우리 친구들이 가장 자주 느끼고 싶은 감정 있죠? 그 감정은 그 왕구슬에 담으세요. 그리고 그 감정을 느끼고 싶을 때마다 부비부비 손가락을 펴서 쓱쓱 문질러보세요. 금세 우리 친구들 마음속에 그 감정이 꽉 차오를 거예요. 어떤 감정이든 괜찮아요."

아이들은 줄에 구슬을 하나씩 정성스럽게 꿰기 시작했어요. 마음속

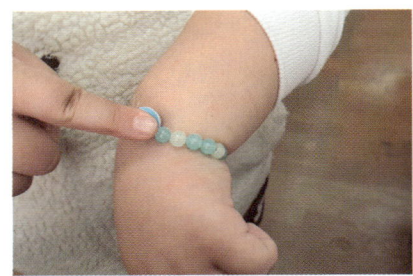 

구슬아, 구슬아. 나에게 감정을 다오. 주문을 외우는 홍이. 무슨 감정을 담은 구슬인지는 말해주지 않았다. 비밀이라나.

각자의 구슬 팔찌를 찬 6학년 아이들이 그린 V가 모여 별이 되었다. 너희들 마음속에 빛나는 별로 오늘을 기억하길 바라. 그리고, 너희들이 바라는 그 감정이 매일 찾아오길 바랄게.

으로 자기가 가장 자주 느끼고 싶은 감정을 고민하면서요. 완성 후, 구슬을 어루만지고 있는 아이들에게 말해주었어요.

"이 팔찌를 손목에 차고 선생님이 해준 말, '모든 감정은 소중하다. 있는 그대로 받아들이고 흘려보낸다'라는 마음을 기억해요."

### ⑦ 표현 😊 감정 인형 만들기

감정 프로젝트를 준비하며 즐거워하는 저에게 동료 선생님이 영화 캐릭터 피규어를 선물해주셨어요. 피규어를 보자마자, '그래, 이거다! 걱정 인형처럼 나의 감정 인형을 만드는 활동도 교육과정에 넣어야겠다!' 생각했어요.

아이들이 만든 감정 인형

먼저, '아바타 인형 만들기' 키트를 나눠주고 둘 중 한 가지를 표현하도록 했어요.

1. '내가 자주 느끼는 감정'을 표현하고, 이제 이런 감정이 올라올 때는 조심해서 표현하기로 다짐하기
2. '내가 자주 느끼고 싶은 감정'을 표현하고, 그 감정 자주 느끼려고 노력하기

아이들은 각자 하나의 감정 인형을 만들었고, 책상에 잘 두어 이 공부를 기억하기로 약속했어요.

## ⑧ 확장 ☼ 햇살반 고민 상담소

드디어 긴 여정의 끝, 상담 시간이 되었습니다. 아이들은 각자의 고민과 감정을 적고 서로에게 적절한 조언을 담아, 진심 어린 태도로 서로 상담해주는 활동을 했어요.

◆ **상담소 운영 방법**
1. 고민 적기: 각자 자신의 고민을 솔직하게 적는다. 개인 상담이 아니라 집단 상담의 형식이므로, 너무 민감한 사항이나 비밀은 적지 않도록 안내한다. 또, 상담사 제1의 예절은 비밀 유지라는 것을 알리고, 절대 이 교실에서의 비밀은 서로 지켜주기로 약속한다.
2. 팀 나누기: 반 전체를 A팀과 B팀, 두 팀으로 나눈다.
3. 상담 활동하기: 둘씩 짝지어주고, A팀은 제자리에 있는다. B팀은 순환하면서 상담 활동을 진행하되, 타이머를 맞추어 한 타임에 3분씩 시간을 준다.

진지한 상담 중인 아이들. 아마도 프로젝트 내내 구축한 어떤 신뢰의 분위기 덕분이었던 것 같다.

　이렇게 상담을 진행하니 계속 새로운 짝을 만나 상담하므로 다양한 해결책을 얻을 수 있다는 장점이 있었습니다.

　도움이 필요한 학생이 보이면 개입할 생각으로 돌아다니며 아이들 상담 활동을 지켜보던 저는 이내 그럴 필요가 없다는 것을 알았어요. 처음부터 오늘의 이 활동을 위해 하나씩 쌓으며 배워온 아이들이기도 했지만, 서로의 고민에 해결책을 제시해주는 모습이 무척 진지했거든요. 친구가 제시한 해결책을 진지하게 필기하면서 듣는 서로를 보며 저는 한마디도 얹을 수가 없었어요.

> A: "나는 매일 너무 늦잠을 자서 엄마한테 혼나야 일어나."
> B: "그럼 알람을 맞추고 자. 그리고 저녁에 너무 늦게 자지 말고, 10시에는 자러 가."

> C: "나는 코로나 이후에 너무 살이 쪘어. 살찌면 키 안 큰다는데 걱정이야."
> D: "나도 그래서 밤에 줄넘기해. 엄마랑 동생이랑 놀이터 가서 하는데 어제 50개 했어. 너도 줄넘기 같은 운동을 해봐."

'이런 해결책, 내가 말하면 잔소리겠지? 엄마가 말해도 잔소리겠지? 하지만 서로의 말은 왜 이렇게 열심히 듣는 거야?'

물음표와 느낌표가 제 얼굴 가득 둥실 떠오른 미소 위로 백 개쯤 남은 상담 시간이었어요.

### ⑨ 확장 ✿ 감정 약 처방하기

진지한 상담을 마치고 마지막으로 약 처방의 시간을 가졌어요. 아이들은 자신에게 가장 먼저 약 처방을 하고, 엄마에게, 아빠에게, 동생에게, 오빠에게 처방했어요. 아이들은 진지했어요. 자신이 처방할 '이 감정에 대한 약은 연두색이 어울릴까, 노란색이 어울릴까?' 고민하면서. '기쁨이가 노란색이었으니 슬플 때는 노란색 젤리빈을 먹으면 기뻐질 거야.' 혼잣말과 질문을 하면서 또박또박 처방전을 써내려갔어요. 아이들이 작성한 처방전은 다음과 같아요.

- 스트레스를 받을 때, 화가 날 때 먹으세요.
- 즉시 복용. 두 알 이상 복용 시 너무 하이 텐션이 될 수 있음. 상온 보관.
- 육아로 힘드실 때 드세요, 파이팅!
- 짜장면 먹을 때 콩 대신 올려 드세요. 기쁠 때 노란색, 슬플 때 갈색.

> **Tip.**
> 
> • **'이럴 땐 이런 약!' 자신에게 감정 약 처방하기**
> 
> 플라시보 효과가 있기를 바라며 약 처방을 적어보았어요. 감정을 받아들이고 흘려보내는 여러 가지 방법에도 불구하고 감정이 소용돌이치는 순간이 왔을 때 든든한 방패막이가 되어주길 바라면서요. 처방전에는 감정과 정확한 복용 방법을 상세하게 적도록 했습니다.

⑩ 확장 ☼ 감정 전문가 자격증 발급

약 봉투를 주고받고 나서는 '감정 전문가' 자격증을 발급해주었어요. 신분증처럼 아이들 사진을 넣어서 만들어주었더니 아이들은 이게 진짜인지 가짜인지 궁금해 질문을 퍼부었지만, 끝까지 답은 말해주지 않았어요. 아이들 마음속에서만은 이 자격증이 효과가 있길 바라는 제 마음이었어요.

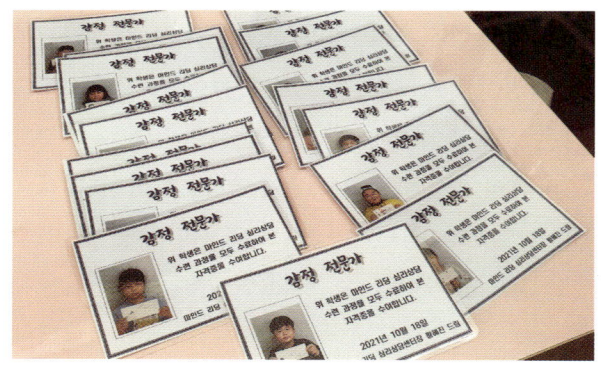

감정 전문가 자격증

⑪ 확장 ☼ 배움 점검 & 성찰 노트

◆ 배움 점검

이렇게 분위기가 뜨거운 바로 이 순간에 프로젝트 돌아보기, 성찰 노트를 써야 생생한 마음을 엿볼 수 있어요. 프로젝트 운영을 하면서 제가 꼭 지키는 사항이에요. 이번에도 자기 점검 체크리스트를 작성하고 성찰 노트를 썼어요.

| 프로젝트 마무리 – 이런 것을 배웠어요 | | | | |
|---|---|---|---|---|
| | 스스로 점수 매기기 | 3 | 2 | 1 |
| 과목 | 감정의 이름 알기, 두 마음 토론하기 | | | |
| | 감정에 대해 알기 위한 게임 하기 – 빙고 게임, 감정 모으기 등 | | | |
| | 감정 사전 – 감정의 종류를 알고 감정 사전 만들기 | | | |
| | 〈인사이드 아웃〉 영화 감상하기 | | | |
| | 〈인사이드 아웃〉 한 장면 역할극 하기 | | | |
| | 〈인사이드 아웃〉 캐릭터 표현하기 | | | |
| | 나도 에릭 칼 활동하기 | | | |
| | 나만의 플레이리스트 공유하고 감상하기, 호두까기 인형, 마법사의 제자 감상하기 | | | |
| | 비즈 팔찌, 약 봉투 제작하기 | | | |
| | 합계 | | | |

◆ **성찰 노트**

생생한 아이들의 목소리를 듣는 성찰 노트 검사 시간. 아이들이 남겨 놓은 배움의 기록을 읽으며 이번 프로젝트의 좋았던 점과 다음 프로젝트 준비에 보충할 점을 성찰해봅니다. 저에게는 이 시간이 아이들의 배움을 한 조각씩 주워 담으며, 다시 내일을 맞이할 힘을 얻는 시간이에요. 다음은 학생이 작성한 성찰 노트 예시입니다.

> 가끔씩 내 감정을 몰라서 답답했던 적이 있는데 이제 구분할 수 있게 되었다. 또 감정에 대해 관심과 흥미가 생겼다. 앞으로는 내 감정과 다른 사람의 감정을 이해하고 수긍해서 더욱더 감정과 익숙해져야겠다고 다짐했다.

⑫ **확장** ☼ 평가 통지

프로젝트가 끝나면 배움 내용을 정리하여 평가합니다. 학생 스스로 배운 점과 칭찬할 점, 부족한 점, 앞으로 더 노력할 점 등을 정리한 기록과 프로젝트 학습지 묶음을 모아 가정에 통지해요.

---

♠ **국어**: 감정 카드를 사용하여 다양한 감정의 이름을 알고 긍정적인 감정과 부정적인 감정을 분류해보고 감정을 어떻게 대처해야 할지 생각해봄. 고민을 해결하는 다양한 방법을 배우고 친구와의 상담 시간에 진솔하고 진지하게 임하여 도움이 되어주고자 하는 멋진 모습을 보임. '감정은 있어야 한다 vs 없어야 한다'를 주제로 3인 토론, 전체 토론에 참석하여 말 차례를 지키며 자신의 의견을 조리 있게 주장함.

♠ **도덕**: 양 갈래 토론을 나누며 자신의 주장에 근거를 들어 말하고, 감정 카드 모으기 게임과 감정 빙고를 통해 감정을 분류함. 자신의 감정이 올라올 때는 어떻게 다루어야 하는지 배움. '기쁨, 분노, 감동, 황홀, 소심'의 감정을 담아 나만의 팔찌를 만들어 보며 내 마음에 다양한 감정이 존재하며 모두 소중한 내 감정임을 인식함.

♠ **음악**: 자신의 기분에 따라 듣는 음악을 공유함으로써 서로의 공감대를 넓히고 음악을 향유하는 태도를 기름.

♠ **미술**: 감정 프로젝트 후 만든 명함에 소심 버럭이 ○○○를 완성하였고, 내 마음의 섬에 파스텔을 이용하여 예술가의 섬을 표현함.

♠ **체육**: 나의 감정을 잘 다루기 위해 몸을 움직이는 다양한 방법을 경험하고 친구들과 협동형 게임을 즐김.

> 수업 에필로그

## 서로의 감정을 존중하는 교실, 그 모든 감정이 바로 너란다

정신없는 하교 시간이 지나고 드디어 혼자 남은 교실.

 출근 시간 교실에 들어선 순간부터 정신없이 돌아간 나의 하루에 잠시 숨 돌릴 틈이 생겼다. 철퍼덕 의자 깊숙이 몸을 던지고 깊은숨을 들이마시는데, 책상 위에 아이들이 두고 간 약 봉투가 쌓여 있었다. 수업 시간에 두어 명이 처방과 함께 약을 건네주었지만, 지금 보니 봉투가 일곱 개로 늘어 있었다. 무심코 넘기다가 준호의 봉투를 발견했다. 봉투 위엔 자세한 복용법 대신 덤덤한 한 문장이 적혀 있었다.

 '슬플 때 먹는 약'

 마음이 쿵 내려앉고, 눈물샘이 차올랐다.

 '준호야, 왜 하필 슬픔을 선택했어? 오늘 너의 감정이 슬픔이었어? 평소에 그 감정을 자주 생각해? 네가 자주 느끼는 감정이야?'

 마음속에 떠오르는 묻고 싶은 질문이 많았지만 이미 준호는 집에 가고 없었다. 평소 아무 표현이 없는 아이. 내가 묻는 말에도 눈으로 대답하고 웬만해서는 절대 입을 열지 않아서 몇 달이 지나도록 목소리 한 번 들려주지 않은 준호였다. 집에서 누나랑은 그렇게 재잘재잘 잘 논다는 준호는 웬일인지 교실에만 오면 입을 닫았다.

 그런 준호가 내 책상 위에 약 봉투를 툭 놓고 간 것이다, 슬플 때 먹으라는 한마디 말과 함께. 이 프로젝트는 준호의 마음을 건드린 걸까? 살짝 열린 뒷문을 보며, 마음이 계속 울렁거렸다.

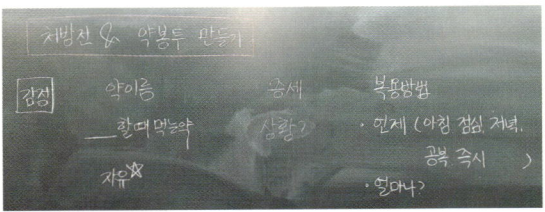
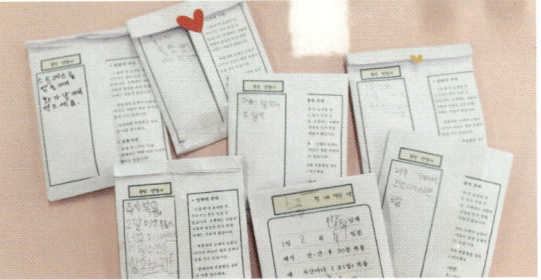

시중에 파는 젤리빈을 구매해 종이컵에 담아 나눠준 뒤, 자기 자신에게 필요한 약 처방전을 썼다. 아이들은 허락을 구한 후 주변 사람들에게 줄 약 처방전과 약 봉투를 만들기 시작했다. 원래는 자기에게 약을 처방해 자신을 달래기 위한 목적으로 준비한 활동이었는데, 친구와 가족, 심지어 선생님인 나에게도 처방해준 예쁜 마음을 볼 수 있었다.

# 3 나는야, 햇살 동물병원 수의사!

동물복지

◆ 프로젝트 개요

| 주제명 | 동물과 함께 사는 경험을 통해<br>동물과 더불어 살아가는 방법을 고민하고 실천하기 | | | | |
|---|---|---|---|---|---|
| 추천<br>시기 | 과학 교육과정에<br>맞추어 | 관련<br>교과 | 과학, 국어, 음악,<br>미술, 체육, 창체 | 차시 | 55 |
| 역량 | 지식 정보처리 역량, 공동체 역량, 심미적 감성 역량, 협력적 소통 역량 | | | | |
| 재구성<br>이유 | "사람들이 동물을 대하는 태도를 보면 그 국가가 선진국인지 윤리적으로 성숙한 국가인지 판단할 수 있다." 비폭력주의로 유명한 간디 선생님의 말씀이다. 국가의 수준을 바라보는 거시적인 안목까지 갈 것도 없이 한 개인이 동물을 대하는 태도를 보면 그 사람의 인성을 알 수 있다. 비록 지금은 인간이 지구의 주인 행세를 하며 살고 있지만, 인간도 자연의 일부일 뿐이며 우리는 모두 연결되어 있음을 깨닫게 해주고 싶어서 구성해보았다. | | | | |

 **교사 교육과정 설계**

① 교육과정 맥락 잡기 (Why & How)
◆ 감정 프로젝트의 전체 흐름 및 구성 요소

취지 | 교실에서 동물과 함께 사는 경험을 통해 동물권을 생각해보고, 더불어 함께 사는 방법을 고민하고 실천하기

| 유기동물 문학작품 읽기 | 생명 존중 동물의 한살이 | 반려동물 여러 동물의 삶 | 의견 표현 방법 배우기 | 동물복지 캠페인하기 |

키워드 | 동물복지

| 국어 | 과학 | 도덕 | 음악 | 체육, 창체 |
| --- | --- | --- | --- | --- |
| - 독서<br>- 의견이 있어요<br>- 문학의 향기 | - 동물의 한살이 | - 생명을 존중하는 우리 | - 종달새의 하루<br>- 작은 세상 | - 움직임 표현하기 |

 자연, 동물. 이런 단어는 저에게 언제나 따스함을 주었어요. 하지만 몇 년 전, 공장식 축산이 이루어지는 양계장과 양돈장의 실태를 담아낸 한 다큐멘터리를 보고 제가 얼마나 안이한 생각을 하고 있었는지 깨달았어요. 인간의 탐욕으로 고통받는 가축들을 보며, 생명도 공장에서 찍어낸 물건처럼 취급하는 것에 심한 거부감을 느꼈어요.
 지구환경이 이렇게 훼손된 것은 결국 인간이 우리를 둘러싼 환경·자연·다른 생명과 공존하는 것이 아니라 그 위에 군림하려는 인간의 태도 때문이라는 것을 알리고, 동물복지 프로젝트를 통해 이런 주제를 구체적으로 다뤄보고 싶었어요.

| 주제 및 취지 | [동물복지] 동물과 함께 사는 경험을 통해, 동물과 더불어 살아가는 방법을 고민하고 실천하기 | |
|---|---|---|
| 씨앗 | 과학 | • 동물의 한살이 |
| 도구 | 국어 | • 제안하기<br>  동물복지 캠페인에서 동물권 수호를 주장하는 글을 쓰기 위한 '제안'하는 글쓰기 공부<br>• 온작품 읽기<br>  유기 동물이 주인공인 문학작품을 읽으며 동물에 감정 이입할 기회 갖기 |
| 표현 | 음악 | • 동물을 소재로 한 노래 배우기 |
| | 미술 | • 동물 도감 그리기<br>• 배추흰나비 한살이 책 만들기<br>• 동물 크로스백 만들기 |
| | 체육 | • 움직임 표현으로 동물 흉내 내며 맞히기 놀이하기 |
| 확장 | 창체 | • 동물복지 캠페인<br>  - 연설 대회: 동물복지 메시지를 담은 글 연설하기<br>  - 배움 나누기: 후배를 초대해 배움 내용을 설명하고, 동물복지의 중요성 알리기 |

아이들과 동물권과 동물복지에 관한 이야기를 하기에 '동물의 한살이' 단원은 좋은 씨앗이었어요. 배추흰나비의 한살이를 실제로 관찰하고, 완전 탈바꿈과 불완전 탈바꿈 등의 개념을 배우는 단원으로, 제가 다루고자 하는 '동물복지'보다는 깊이가 다소 얕지만, 함께 다루기에 어려움은 없었어요.

동물복지를 표현하기 적합한 도구는 무엇이 될지 고민하며 살펴보다가 주제에 주장하는 글쓰기가 어울리겠다고 판단하였어요. 자기 생각과 주장을 펼치며 '동물권'을 다룰 수 있게 국어 교과의 '의견이 있어요' 단원을 엮었어요. 과학과 국어의 큰 줄기를 잡고 나니 프로젝트 뼈대를 세워 재미있는 공부가 될 것 같아 설레는 한편, 생태 감성 지능이 높은 아이들에게는 아픈 공부가 될 것이기에 마음이 무거웠어요. 하지만 문제를 외면하기보다는 직면하고, 행동하는 우리가 되어야 한다고 생각하며 마음을 다잡았어요.

어쩌면 정답이 있는 주제이지만, '동물은 동물권이 있어. 우리는 보호해야 해. 함께 살아야 해'라는 의견을 직접적으로 주입하고 싶지는 않았어요. 아이들이 스스로 생각하고 느끼고 자기 생각을 하나씩 쌓아갈 수 있는 방법을 고민했고 답은 역시, 책이었어요.

'유기 동물이 주인공인 동화를 읽으면서, 동물의 처지에서 어떤 환경에 처해 살고 있는지, 어떤 마음인지 간접적으로 느껴본다면 아이들은 충분히 고민할 수 있겠지?'

그렇게 동물복지(과학, 씨앗)+온작품, 주장하는 글쓰기(국어, 도구)+생명 존중(도덕, 씨앗)의 큰 맥락 위에 음·미·체(표현)를 함께 엮어 55차시 대장정의 프로젝트가 만들어졌어요.

> **Tip.**
> 
> • **프로젝트를 풍성하게 가꿔주는 문화 콘텐츠, 책**
> 
> 알차고 즐거운 프로젝트를 구성하기 위해 음·미·체와 같은 예술 과목만큼이나 그림책과 동화, 영화 같은 문화 콘텐츠들도 중요해요. 교육과정을 구성하다 막힐 때마다 저는 어린이 문학의 세상에서 해답을 찾곤 해요. 어떤 소재든 어떤 이야기든 그 안에서 발견할 수 있거든요. 선생님들도 막막할 때는 이 문을 두드려보세요.

이번 프로젝트의 주제가 '동물복지'인 만큼, 교육과정 운영 내용에는 없지만 닭과 오리를 부화시켜 프로젝트 기간 내내 함께 교실에서 어울려 살아보는 경험을 하면서 공존의 의미를 익혀보기로 했어요. 나아가 생명 존중에 대한 자신의 의견을 만들어 생명 존중 캠페인을 하는 마무리를 계획했어요.

② 세부 계획 세우기

동물복지 프로젝트는 병아리와 오리를 부화시켜 생명 탄생으로 배움을 시작하도록 구성해서 보통의 프로젝트보다 조금 더 치밀한 준비가 필요했어요. 부화하는 데 병아리는 21일, 오리는 28일이 걸리니 부화 날짜를 세심히 고려해 부화기를 켜기로 했어요.

시중에 파는 유정란도 부화가 된다고는 하지만, 이왕이면 동물복지 농장에서 생산된 알로 공부하고 싶어서 학기 초에 미리 수소문을 해두었어요. 다행히, 원하는 날짜에 맞춰 알을 보내주겠다는 약속을 받았어요.

사실, 동물복지 프로젝트를 하면서 가장 마음이 무거웠던 것은 동물과 함께 살면서 공존을 배울 목적으로 '알을 부화시킨다는' 사실이었어요. 아무리 '생명 존중' 교육을 위해서라고 한들 생명을 부화시켜 곁에 두는 것이 맞는지 마음속에 끊임없이 갈등이 일었죠. 고민 끝에, 잘 키우면서 함께 사는 법을 배우고 잘 보내주는 것이 좋겠다는 결론을 내렸어요. 그래서 알을 구할 때 부화하고 자란 닭을 보낼 곳도 함께

달걀 부화기

부화기 속 오리알

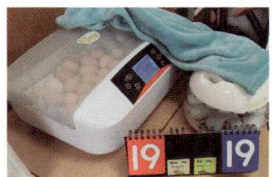
병아리 부화 19일 전

병아리 부화 13일 전

하루하루 진행되는 부화

알아봤는데, 다행히 오리와 병아리가 갈 좋은 시골 농장을 찾아 한결 마음 편히 프로젝트를 시작할 수 있었어요.

알이 오기 전에 부화기 및 부화 환경을 꾸며 준비하고 생명을 맞을 준비를 하면서부터 아이들의 반응은 폭발적이었어요. 저도 아이들만큼이나 설렜고 한편으로 생명을 다루는 일이라서 어깨가 무거웠지만 그만큼 책임감을 안고 공부를 시작했어요.

◆ 프로젝트 내내 교사의 북극성이 되어주는 탐구 주제

| 탐구 주제 | • 동물의 한살이를 관찰/조사하며 생명의 다양성을 이해하는가?<br>• 생명 존중에 관한 글을 읽고 의견을 찾아낼 수 있는가?<br>• 캠페인에서 생명을 존중하자는 메시지를 전달하는가? |
|---|---|

◆ 전체 프로젝트의 밑그림이 되어줄 설정들, GRASPS, 수행 과제, 평가 준거

| 수행 과제 | • GRASPS<br>반려동물 열풍이 불고 있지만, 동물을 존중하는 태도가 바르게 자리 잡았는지는 의문인 시대(S)에 사는 우리. 학생들은 햇살 동물병원 수의사(R)가 되어, 동물의 한살이를 연구(P1)하고 문학작품을 통해 반려동물과 정서적인 교감(P2)을 나눕니다. 이를 바탕으로 생명 존중에 대한 글을 읽고 캠페인 활동을 계획하여 생명 존중을 생활화할 수 있는 홍보자료를 만들어 햇살초 전교생(A)을 대상으로 알림 활동(P3)을 하여 생명 존중의 문화를 끌어냅니다(G).<br><br>• 수행 과제 1. 문학작품을 읽고 책 속 반려동물의 삶 살펴보기<br>• 수행 과제 2. 의견을 파악하며 글 읽기<br>• 수행 과제 3. 배추흰나비, 닭, 오리의 부화 과정을 살펴보고 관찰하기<br>• 수행 과제 4. 생명 존중 메시지를 담은 캠페인 자료 만들기<br>• 수행 과제 5. 캠페인 활동하기<br><br>• 평가 준거 1. 문학작품을 향유하는 즐거움과 나누는 즐거움을 아는가?<br>• 평가 준거 2. 생명 존중과 관련된 글을 읽고 의견을 파악할 수 있는가?<br>• 평가 준거 3. 동물의 한살이 과정을 살펴보고 다양한 동물들의 생태를 통해 생명의 다양성을 이해하는가?<br>• 평가 준거 4. 생명 존중 메시지를 명확하게 담은 캠페인 자료를 제작할 수 있는가? |
|---|---|

*GRASPS: Goal 목표  Role 역할  Audience 청중  Situation 상황  Product 산출물  Standards 준거

◆ 프로젝트 전체 흐름

| 차시 | 교과 | 단원 | 흐름 | 학습지 | 평가 |
|---|---|---|---|---|---|
| 1 | 국어 | 독서 단원 | • 프로젝트 안내하기, 영상 자료 | ☑ | |
| 2~3 | 국어 | 10. 문학의 향기 | • 유기견 보호소 소장님과 만남<br> - 동물을 대하는 태도에 대한 강연 듣기 | | |
| 4~12 | 국어 | 독서 단원 | • 동물복지를 주제로 한 온작품읽기<br> - 『동작대교에 버려진 검둥개 럭키』<br> - 독서 중 활동을 통해 작품을 깊이 이해하기 | ☑ | ☑ |
| 13~20 | 국어 | 10. 문학의 향기 | • 작품 속 장면을 극으로 표현하며 동물의 마음을 이해하고 감정 이입하기<br>• '럭키'를 매개로 동물복지의 개념 이해하기<br>• 유기 동물과 반려동물의 삶 조사하기 | ☑ | ☑ |
| 21~26 | 과학 | 3. 동물의 한살이 | • 배추흰나비의 한살이<br> - 색칠 및 정리 학습지<br>• 동물의 암수에 따른 역할의 차이<br>• 병아리, 오리의 한살이<br>• 동물의 한살이 하우스 북 | ☑ | ☑ |
| 27~28 | 도덕 | 6. 생명을 존중하는 우리 | • 키우고 있는/키우고 싶은 동물을 조사하고 발표하기 | ☑ | |
| 29~33 | 과학 | 3. 동물의 한살이 | • 반려동물과의 하루<br>• 나비의 한살이 북 아트 | | |
| 34~35 | 도덕 | 6. 생명을 존중하는 우리 | • 동물원 동물들의 삶, 동물을 대하는 태도에 대하여 | ☑ | ☑ |
| 36~41 | 국어 | 8. 의견이 있어요 | • '의견'의 개념 이해하기<br>• 생명 존중에 대한 글을 읽고 의견 파악하기<br>• 생명 존중에 대한 자신의 의견을 담은 글쓰기 | ☑ | ☑ |
| 42~43 | 국어 | 8. 의견이 있어요 | • 자신의 글로 캠페인 자료 만들기 | | |
| 44~45 | 체육 | 움직임 표현하기 | • 캠페인 자료 만들기: 동물 잠옷, 동물 탈 활용하기 | ☑ | ☑ |
| 46~49 | 음악 | 2-6. 종달새의 하루<br>3-1. 작은 세상 | • 노래 배우기<br>• 악곡의 특징 배우기<br>• 캠페인 곡 만들기 | ☑ | ☑ |
| 50~51 | 미술 | 10. 생활 속 통통 튀는 디자인 | • 동물 타이포그래피 | | |
| 52~53 | 창체 | 캠페인 활동 | • 캠페인 활동하기 | | |
| 54~55 | 국어 | 8. 의견이 있어요 | • 프로젝트 전 과정에 대한 의견 나누기<br>• 프로젝트 성찰하기 | ☑ | ☑ |

# 2 프로젝트 수업 A to Z

## ① 첫날

텔레비전 프로그램을 통해 우연히 알게 된 카이스트 대학교의 거위 이야기가 동물복지 이야기를 시작하기에 적합할 것 같아서 해당 내용을 편지에 담아봤어요.

> 안녕! 햇살초 3학년 친구들!
>
> 잊지 말아줘, 지구 지킴이 프로젝트는 끝났어도 너희들은 여전히 지구 지킴이라는 걸. 지구가 언제나 너의 배경으로 함께할 테니까. 그건 그렇고, 이번에는 너에게 새로운 임무를 주려고 해.
>
> 그거 아니? 카이스트 대학교 교정에서는 거위를 키우고 있다는 거. 거위는 수명이 50여 년가량 된대. 20여 년 전 우연히 기르기 시작한 거위가 카이스트 대학생들의 창의성을 키우는 데 한몫 톡톡히 하고 있지. 지금은 카이스트 교내에 거위를 위한 교통표지판까지 있어. 거위들이 줄지어 걸어가는 모습은 상상만으로도 참 귀엽지 않니? 반면 우리나라에서 사육되는 대부분의 닭들은 발 디딜 틈 없이 작은 공간에서 우글우글 살아가고 있어. 한번 조류독감이 유행하면 이 닭들은 다 어떻게 될까? 이런 생각을 하면 나는 늘 가슴이 아파.
>
> 꿀벌이 사라지면 인류는 존재할 수 없다고 해. 동물이 살기 불편한 세상이 인간에게는 좋은 세상인지 생각해볼 수 있는 부분이지. 우리는 이번 프로젝트에서 햇살 동물병원 수의사가 될 거야. 수의사가 하는 일이 뭐야? 아픈 동물을 돌봐주는 거잖아. 그런데, 햇살 동물병원 수의사는 박사로서 동물복지를 활발히 연구해야 해. 어떻게 하면 동물들이 조금 더 나은 삶을 살지 고민도 하고 글도 써야 하지. 잘해줄 수 있지? 너희들에게 줄 특별 임무는 다음과 같아.

> 1. 문학작품을 읽고 느낌 나누기
> 2. 동물의 한살이 알아보기
> 3. 글을 읽고 의견 찾기, 내 의견을 담은 글쓰기
> 4. 동물복지, 동물원의 동물들, 생명 존중의 태도에 대하여 알아보기
> 5. 배추흰나비 한살이 북, 동물의 한살이 하우스 북, 캠페인 자료 만들기
> 6. 캠페인 활동하기(D-day)
>
> 걱정하지 마, 선생님께서 친절하게 안내해주실 거야. 그 안내를 따라 하나씩 하나씩 클리어하다 보면 어느새 임무 완료하게 될 거야! 그럼 멋진 활약 기대할게!
>
> -5월 24일. 동물보호연대 대표 드림.

편지를 읽은 후 프로젝트 시작의 리추얼, 프로젝트 시작 전 나의 마음과 다짐을 적었습니다.

| 프로젝트 시작 전 나의 마음 | _____ _____ _____ | 프로젝트 시작과 끝, 나의 마음을 적으며 배움에 대한 태도를 다진다. |
|---|---|---|
| 나는 햇살 동물병원 수의사로서 동물복지 향상 캠페인에 열심히 참여하겠습니다.　　　　　　　　　　_____(인) | | 따라 쓰며 다짐할 수 있게 만든 서약 조항 |

② **씨앗** 동물복지 개념 이해하기

'동물복지'는 아이들이 평소에 일상적으로 접하는 어휘가 아니지만, 이번 프로젝트의 핵심 개념이므로 개념 이해가 먼저였어요. 학교도서관에서 동물복지와 관련된 서적을 찾아 읽고 내용을 정리해, 반려동물

·동물복지·동물권 등의 개념을 전반적으로 이해할 수 있는 글을 썼어요. 아이들은 읽으면서 분개했고, 마음 가득 문제의식을 품었어요.

> 안녕! 햇살 수의사 친구들, 만나서 반가워.
> 너희 혹시 반려동물의 의미를 알고 있니? 반려동물이란 사람과 집에서 더불어 사는 동물을 말해. 대표적인 반려동물로 개와 고양이가 있지. 사람들은 오래전부터 개와 고양이를 애완동물이라고 불러왔어. 하지만 동물은 장난감이나 물건이 아니잖아? 그런 의미를 담아, 오스트리아 빈에서 열린 '인간과 애완동물의 관계' 토론에서부터는 용어를 바꾸기로 했지. 함께 사는 동물, '반려동물'로 말이야.
> 동물은 감정이 있을까? 동물들도 사람처럼 서로 의사소통을 하고 감정을 느끼고 고통도 느낀다고 해. 동물을 지키기 위해 1824년 영국에서 '동물 학대 방지 협회'가 만들어졌어. 그 단체에서는 가축을 학대하는 것이나 동물 사냥놀이를 반대하는 운동을 펼쳤단다. 그 뒤를 이어 동물을 보호하는 법도 생겼지. 피터 싱어는 1975년 『동물 해방』이라는 책을 통해 동물이 느끼는 고통도 인간의 고통과 다르지 않다고 했어. 그때부터 '동물복지', '동물권리'를 외치기 시작했지. '동물복지'란 쉽게 말해 '동물의 행복한 삶'을 의미해. 그렇다면 동물의 행복한 삶은 뭘까? 동물이 타고난 습성대로 사는 거야. 인간에게 마땅히 존중받고 행복하게 살 권리인 '인권'이 있듯이, 동물에게도 '동물권'이 있다는 것을 인정해야 해. 동물권은 동물도 존중받을 권리가 있다는 것을 의미하지.
> 동물을 대하는 태도는 '동물을 어떻게 생각하느냐?'에 따라 달라져. 너는 동물을 어떻게 생각하니? 장난감처럼 마음대로 다루어도 된다고 생각하니, 아니면 존중하고 함께 살아갈 존재로 인정하니? 동물을 대하는 것을 보면 그 사람의 인성이 보인다고 해. 비폭력운동으로 유명한 간디 선생님은 "동물을 어떻게 대하는지 보면 그 나라의 수준을 알 수 있다"라고 하셨어. 우리는 동물을 어떻게 대해야 할까?

지문을 읽으며 분개한 아이들은 마음 가득 문제의식을 품은 채로 유기견 보호소 소장님을 만났어요.

동물복지 수업을 하기로 하고 현장의 소리, 살아 있는 이야기를 들려줄 사람을 찾

유기견과 함께하는 강연

던 중 마침 학교 인근에 '유기견 보호소'가 있다는 것을 알게 되었어요. '이보다 안성맞춤인 분이 계실까' 하는 마음으로 당장 전화해서 강연 의뢰를 드렸더니, 소장님은 유기견 보호소를 운영하는 사람으로서 정말 반가운 자리라며 흔쾌히 수락하셨어요. 대화하면서 소장님이 구조한 유기견의 사연을 듣고, 강연에 데리고 와달라고 부탁드렸어요. 이때, 강연 전에 개를 무서워하거나 털 알레르기가 있는 학생이 있는지 따로 조사했어요.

소장님은 '사지 말고 입양하세요'라는 메시지를 강조하며, 유기견 보호센터의 하루와 센터에서 지내는 강아지들의 삶 등을 사진과 함께 자세히 들려주셨어요. 반려동물과 함께 사는 친구들은 동물권에 대한 감수성이 높아, 특히 강연에 집중하며 들었고, 현실 문제를 인식해 분개하는 모습을 보이기도 했어요.

강연 내내 들었던 안타까운 마음을 표현하고 기록하고 싶어, 색종이를 한 장씩 나눠준 뒤 유기견 보호소에 사는 강아지들을 응원하는 한마디를 적도록 했어요.

- 유기견들아, 좋은 집 가서 좋은 주인 만나 잘 살아!
- 강아지들이 아프지 않고 오래 살 수 있게 건강하게 키워주세요.
- 강아지들아, 만약 내가 강아지를 키우게 되면 오래 잘 키울게.
- 강아지야, 많이 힘들지? 힘내! 꼭 입양되길 바랄게.
- 입양자님들께, 보호소에서 강아지를 입양하고 다시 보내지 말아주세요.

유기견들에게 보낸 응원의 메시지와 '사지 말고 입양하세요' 캠페인 포스터

우리 동네에 이렇게 진심을 담아 유기견을 보호하는 곳이 있다는 것을 안 아이들은 주말에 유기견 산책 봉사 도우미를 하고 싶어 했어

요. 그래서 부모님들께 취지와 연락처가 담긴 안내장을 보내, 봉사 의향이 있는 학생은 봉사할 수 있도록 연결해주었어요.

**Tip.**

● **마을의 환경을 파악해 교육과정에 연결하세요**

우리 학교 근처의 인적, 물적, 자연적 환경을 활용하여 교육과정에 연결하면 누구보다도 우리에게 잘 맞는 마을 연계 교육과정이 됩니다. 유기견센터의 소장님을 만나고, 봉사활동으로 이어지는 경험을 통해 아이들은 동네에 더욱 애착을 보였어요.

④ 도구 📖 **동물복지를 주제로 한 온작품읽기**

문제의식을 느끼고 이론적인 배경을 쌓은 우리는 유기 동물에 대한 안타까운 마음을 안고 동화책을 읽기 시작했어요. 옆 반은 따로 고심해서 골라둔 책을 읽었지만 우리 반은 조금 특별한 수업을 진행했어요. 제가 이 프로젝트를 염두에 두고 써둔 동화가 있었거든요. 어느 날 학

책 표지 디자인, 각 챕터에 어울리는 장면 그리기, 인물 소개하기, 인물 관계도 그리기 등으로 온작품 과정에서 나만의 독후활동 책을 완성해나간다.

교 창고에서 발견된 새끼 고양이 이야기, 『어둠 속의 고양이 하루』였어요. 유기묘가 주인공인 동화는 프로젝트에 적합했고, 주인공 '하루'의 입장이 되어보며 마음을 헤아려보는 과정을 통해 아이들은 수행해야 할 도달점에 도착했어요. 아이들과 함께 읽고 온작품읽기 수업이 모두 끝난 후 제가 쓴 동화라는 것을 말하자, 진짜 책으로 언제 나오느냐고 아우성쳤어요. 그런 반응들도 물론 감사했지만, 몇 주를 고심해 탄생한 주인공 하루가 어린이 친구들을 만나 조금 덜 외로울 수 있어서, 많이 사랑받을 수 있어서 행복했어요.

#### ⑤ 표현 나의 반려동물을 소개합니다

동물복지 프로젝트로 부화기를 켰을 때부터 아이들은 자꾸만 주변을 맴돌며 자기네 집에 함께 사는 강아지와 고양이, 고슴도치, 햄스터, 앵무새 이야기를 꺼내곤 했어요.

'이 다양한 반려동물들이 교실에 찾아오면 어떨까?'

함께 사는 반려동물의 습성과 생태를 조사하고 발표하는 경험은 특별할 것 같았어요. 또, 친구의 또 다른 가족인 반려동물을 만나는 것은 색다른 기쁨일 테고요. 십여 년 전, 2~3주 정도 미국 초등학교에 머무르며 미국 교육을 현장에서 배운 경험이 있었는데, 직업교육의 날에 학부모가 학교에 와서 자신의 직업을 설명하는 것이 무척 인상적이었어요. 학급 친구의 부모님께 실제 현장 이야기를 듣는 아이들의 살아 있는 표정이 보기 좋았습니다.

나의 반려동물을 데리고 오는 것도 그에 버금가는 일일 것 같았어요. 그래서 프로젝트 학습 내용에 반려동물 동반 등교의 날을 정하고, 교육 내용에 대한 안내장과 '반려동물 동반 등교 동의서'를 보내어 신청과 동의를 받았어요.

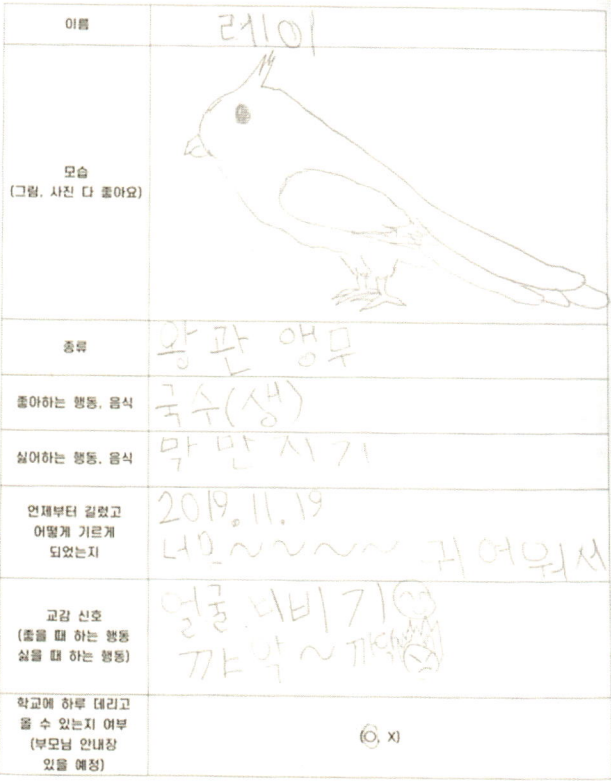

학생이 작성한 반려동물 소개서 예시

|  | 나는 햇살 수의사! **반려동물 동반 등교 동의서** | 3학년 반 번<br>이름: |
|---|---|---|

안녕하세요.

3학년 친구들은 현재 '동물복지'를 주제로 프로젝트 수업을 진행하고 있습니다.

동물의 한살이 단원을 배우면서 유기견 보호소를 운영하시는 대표님을 초청하여 '사지 말고 입양하세요'라는 주제로 강연을 들었습니다. 또, 동물 유기에 대한 문제성을 배우고자 관련 동화 전편을 읽었습니다.

프로젝트 진행 과정에서 '나의 반려동물을 소개합니다' 코너를 진행하려고 합니다. 대부분 아이들이 사진이나 PPT 등으로 소개하겠지만, 서로의 반려동물을 교실에서 직접 만나는 것은 어떨까 계획해보았습니다. 가정에서 기르시는 반려동물을 동반하여 하루 등교하는 것에 동의하시는 가정에서는 다음 동의서를 작성하셔서 보내주시기 바랍니다.

더불어 내 아이가 혹시 털 알레르기가 있거나, 동물을 무척 무서워하여 거부감이 있다면 담임선생님께 개인 문자 주세요. 참고로, 반려동물을 보내주실 때는 안전하게 이동장에 넣어서 보내주셔야 하고, 배변 봉투나 사료 등 하루 외출하는 데 필요한 물품들을 갖추어 보내주셔야 합니다.

**반려동물 동반 등교 동의서**

| 날짜<br>5월 ( )일<br>3학년 ( )반 ( )번<br>이름 ( ) | 반려동물 종류: |
|---|---|
| | 우리 가정은 반려동물을 학교에 보내어 소개하고 아이들과 함께 수업에 참여하는 것에 동의합니다.<br><br>학생 서명: (인)<br><br>부모님 서명: (인) |
| | ※ 꼭, 목줄 및 이동장, 필요한 기타 제반 용품을 갖추어 보내주십시오. |

실제로 동물을 학교에 데리고 오는 데 여러 제약이 있어서 그런지, 생각보다 지원이 많지 않았고 대부분은 사진과 설명 자료로 소개했어요.

하지만 바로 그 이유로 예지가 데리고 온 강아지 '솜솜이'는 인기 최고였어요. 예지는 솜솜이의 견종, 특성, 성격, 좋아하는 놀이, 사료, 잠자리 등을 소개했고, 교실을 한 바퀴 돌면서 아이들과 인사시켜주었어요. 쉬는 시간에는 아이들이 우르르 나가 함께 운동장 산책을 시켰고요.

솜솜이만큼이나 인기 있었던 친구는 은유가 데리고 온 햄스터 '구름이'였어요. 은유는 구름이와 함께 살아온 기간, 좋아하는 간식, 처음 만나게 된 경로, 자신에게 구름이가 얼마

교실에 반려견을 데려와 소개하는 아이

나 큰 위안을 주는지 등을 3분가량에 걸쳐 발표했어요. 밤에 잘 때 자꾸 움직이는 구름이가 시끄럽지만, 사랑하는 마음 때문에 이해할 수 있다고 말하는 은유가 새삼 의젓해 보였어요. 은유가 설명하는 와중에 자고 있던 구름이가 케이지 밖으로 귀여운 코를 살짝 내밀어서 우리 모두 환호성을 질렀어요.

⑥ 씨앗 동물의 한살이 (과학, 지식 다지기)

프로젝트 학습일수록 성취 기준 도달과 배움 내용을 놓치지 않는 것이 중요해요. 국가 교육과정에서 성취 기준은 교육과정을 충실히 수행하기 위한 '기준'이 되는 것이기에 어느 학습법을 선택하든 도달해야 하죠. 특히나 과학 교과는 성취 기준이 명확하므로 꼭 다뤄야 하는 내용을 배우고, 과정 중심 평가도 진행했어요.

학급에 비치한 배추흰나비 한살이 관찰 사육 상자에서 배추흰나비의 알은 어느새 애벌레로, 번데기로 거듭 변신하여 결국 나비로 우화했다. 나풀나풀 여린 날개를 말린 나비가 조금씩 팔랑거리며 날길래 다 함께 운동장에 나가 날려 보내주었다.

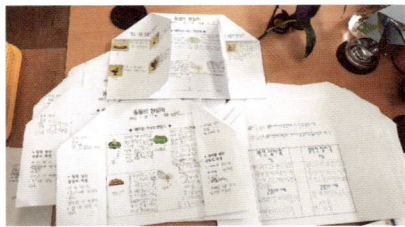

배추흰나비 하우스 북과 회전 북. 과정 중심 평가 체크용으로 활용했다.

⑦ 도구 📖 **공장식 축산농장과 동물원 동물들** (국어, 의견을 말해요)

동물복지 개념 익히기⇨유기 동물 강연 워밍업⇨온작품읽기⇨반려동물 소개하기⇨과학 지식 다지기 단계를 거치면서 아이들의 생각은 보다 성장하고 확장되었어요. 이제는 주장하는 글을 통해 자신의 생각을 표현하는 단계로 넘어갈 차례가 되었습니다.

하지만 다루고 싶은 주제가 더 있었어요. 공장식 축산농장, 동물 쇼에 동원되는 동물들 이야기였습니다. 더욱 풍성한 의견을 쓰기 위해 주제 글을 함께 읽으며 지식을 확장하고 내용을 파악했어요.

| 공장식 축산농장 |
|---|
| 1만 년 전 일이야. 사람들은 사냥과 낚시, 채집으로 먹고살았어. 사냥은 언제나 어려운 일이었지만 어느 날 전에 없이 많은 동물을 잡은 행운이 찾아왔어. 이날 산 채로 잡은 멧돼지는 바로 먹지 않고 잠시 살려두었어. 그런데, 이게 무슨 일이야? 그사이 멧돼 |

지가 새끼를 낳은 거야. '동물을 잡아서 기르면 새끼도 얻을 수 있구나' 깨달은 사람들은 그때부터 동물을 기르기 시작했어.

지금 우리가 기르는 모든 동물의 조상은 야생동물이란다. 세월이 흐르고, 가축을 전문적으로 기르는 축산농가가 생겼고 사람들은 고기를 정육점에서 사 먹게 되었지. 축산농가에서는 돈을 벌고 싶은 마음에 쉽게 빨리 키우고 싶었어. 고기를 좋아하는 사람들도 저렴하게 고기를 사 먹길 바랐지. 그렇게 수요와 공급이 만나 공장식 축산이 생겨났단다. 공장식 축산의 특징은 두 가지야. 첫째, 최소한의 공간에서 최대한 많은 가축을 기르는 것. 둘째, 기계를 통해 수고를 줄인 것.

공장식 축산으로 좁은 공간에 사는 닭은 옆 닭을 쪼지 않도록 병아리 때 부리를 잘라버린단다. 배설물을 치우기 쉽게 바닥은 철창이고 말이야. 알을 낳지 못하면 깜깜한 곳에서 열흘을 굶겨 강제 털갈이를 시킨대. 그럼 다시 알을 많이 낳는다고 해.

돼지는 어떨까? 스트레스받은 돼지가 옆 돼지 꼬리를 물 수 있어서 새끼 때 꼬리를 잘라버린다고 해. 또, 지방이 많고 땀구멍이 적은 돼지는 원래 진흙 목욕으로 체온을 조절하는데, 좁고 빼곡한 콘크리트 우리에서 사는 돼지에게 진흙이 있을 리 없지. 그래서 자기 똥으로 목욕을 한대. 사실 돼지는 개보다도 아이큐가 높을 정도로 똑똑하고 말끔한 동물이라는데, 자기 똥에 목욕하는 돼지의 마음은 어떨까.

공장식 축산농가의 사육 방법이 알려지면서 사람들은 동물복지를 외쳤어. 노르웨이에서는 병아리 부리 자르는 것을 금지했고, 영국에서는 강제 털갈이를 금지했지. 스위스에서는 암퇘지에게 짚을 깔아주었어.

우리나라도 가축의 복지를 위해 노력하고 있어. 2012년부터 '동물복지 축산농장' 인증 제도를 만들어 운영하고 있지. 동물복지 축산농장으로 인정받으려면 좁은 철창에 가둬 기르는 것을 하지 않아야 해. 강제 털갈이도 안 되고, 모래 목욕을 할 수 있어야 해. 점차 닭 농장에서 시작한 동물복지 축산농장 인증 제도는 돼지 농장, 염소 농장, 젖소 농장, 오리 농장으로 확대되었어. 하지만 여전히 닭 100마리 중 세 마리 정도만이 동물복지 농가에서 살고 있단다.

동물복지 농가를 운영하려면 운영비가 많이 들어. 그래서 동물복지 방식으로 기른 고기는 값이 비싸지. 하지만 소비자인 우리가 동물복지 기준을 따르는 농장의 제품을 선택하고 값을 조금 더 치른다면 달라질 거야. 마트에 엄마랑 장 보러 가면 다음 마크를 찾아볼래? 그 마크가 모든 고기에 찍혀서 비록 고기를 제공하기 위해 태어난 동물이어도 사는 동안 조금 더 편안하게 살 수 있기를 희망해. 동물도 권리가 있거든.

## 동물은 장난감이 아니에요

프로젝트 처음에 배웠던 '동물복지'의 개념 기억나니? 동물이 습성대로 살게 해주는 것이 동물복지를 지켜주는 길이란다. 하지만 우리에 갇혀서 구경거리가 된 동물원의 동물들, 서커스단에서 동물 쇼를 하는 동물들, 관광지에서 여행객들을 태우고 돈을 받기 위해 활용되는 동물들, 체험 행사에 이용되는 동물들, 경마나 투견처럼 사람들의 오락거리로 전락한 동물들. 이런 동물들이 지구에는 참 많아.

동물원 동물들의 이상행동을 본 적이 있니? 제자리에서 끊임없이 빙빙 돌거나 머리를 위아래로 흔들고, 잠만 자는 경우도 있어. 이렇게 의미 없이 반복하는 행동을 '정형행동'이라고 하는데 동물이 스트레스를 받으면 보이는 특징이란다. 서커스단에서 공연하기 위해 재주를 익히는 동안 동물들은 어떻게 훈련받을 것 같니? 코끼리는 조련사가 휘두르는 막대기에 계속 찔리는데 그 막대기 끝에는 쇠갈고리가 있어. 코끼리의 몸 중 가장 연약한 부분인 귀 뒤나 얼굴, 무릎 뒤 등을 찔러서 훈련해. 쇼하는 동물들은 자기 본성대로 살지 못하고 쇼를 하기 위해 수많은 채찍질과 매질을 당하고 재주를 익히지. 30~40마리가 무리 지어 사는 코끼리는 두어 마리만 함께 동물원에 살게 되어 가족들과 떨어지고, 돌고래도 가족들과 무리 지어 사는 습성에도 불구하고 포획되어 훈련을 받고 쇼를 하지. 자연 상태에서는 살아 있는 물고기만 먹는 돌고래가 동물원에서는 죽은 물고기를 먹는단다. 사람들의 환호 소리도 귀가 예민한 돌고래에게는 엄청난 스트레스래. 그래서인지 자연에서는 30년도 넘게 사는 돌고래가 수족관에서는 2~5년밖에 못 산대. 동물원에 사는 북극곰도 자연에서의 영역보다 백만분의 일 정도 되는 면적에서 사는 거란다.

그렇다면 모든 동물이 행복한 세상을 위해 우리는 무엇을 할 수 있을까? 먼저, 동물

> 제품을 살 때는 꼼꼼히 따져보고, 가능한 동물제품의 소비를 줄여야 해. 앞에서 배운 동물복지 마크를 찾는 것도 현명한 소비자의 선택이지. 둘째, 모피 옷을 입지 않는 거야. 털가죽 때문에 죽는 동물의 수를 줄일 수 있어. 셋째, 반려동물을 기를 때는 사랑으로 대하고 끝까지 책임지는 자세가 필요해. 넷째, 동물 쇼를 보러 가지 않고, 동물 체험 행사에 참여하지 않는 거야. 동물 보호 단체에 기부하거나 봉사하는 것도 도움이 된단다. 동물은 아무리 고통스러워도 스스로 고통에서 벗어날 수 없어. 오직 더 많은 사람이 고통받는 동물에 대해 알고, 노력하는 것이 동물들이 행복하게 살 수 있는 길이지. 동물들의 행복한 삶을 위해 노력해보지 않을래?

처절한 동물의 삶을 들려주는 것은 개인으로서도 마음이 아팠지만 어른으로서 미안한 마음도 컸어요. 지문을 읽으면서 아이들 눈동자는 놀람과 슬픔으로 깊어졌거든요. 하지만 그것이 현실이었어요.

상대를 이해하려면 그의 신발을 신어보라는 속담이 있지요. 동물의 어려움에 공감하는 마음을 갖기 위해 여러 동물의 입장이 되어 일기를 써보았어요. 그런 뒤 본격적으로 동물복지와 동물권, 생명 존중에 대해 자신의 의견을 정리해 글을 썼어요. 먼저 중심 문장에 어울리는 뒷받침 문장을 세 개 써서 주장을 펼치는 방법을 배우고 자신의 의견을 적었습니다. 아이들 글에서는 책에 나온 단순하고 납작한 지문과는 달리 생생한 의견들이 쏟아졌어요.

동물복지와 동물 쇼를 배운 아이들이 동물의 처지에서 쓴 일기

⑧ 표현 🌱 일주일 채식 도전!

동물복지 프로젝트를 기획하고 준비하던 어느 날, 급식실에 갔는데 '학교 급식 채식 여행의 날' 포스터가 붙어 있었어요. '이거다!' 싶었어요. 채식 급식을 통해 프로젝트 수업의 핵심인 동물복지의 지식이 학생들의 삶과 연결되었기 때문이죠.

동물복지를 이야기하면서 채식을 이야기하지 않을 수 없죠. 하지만 아무리 동물복지의 필요성을 공부하는 상황이어도 성장기 아이들에게 채식을 강요할 권리는 저에게 없어요. 다만, 채식 급식 포스터를 화두로 채식을 하는 사람들의 입장을 전하고, 일주일 동안은 고기를 조금 '덜' 먹어보자고 권했어요. 어려우면 매일 아침, 점심, 저녁으로 먹은 음식과 느낀 점을 적어보기만 해도 된다고 했어요. 일주일이 지나고 주간

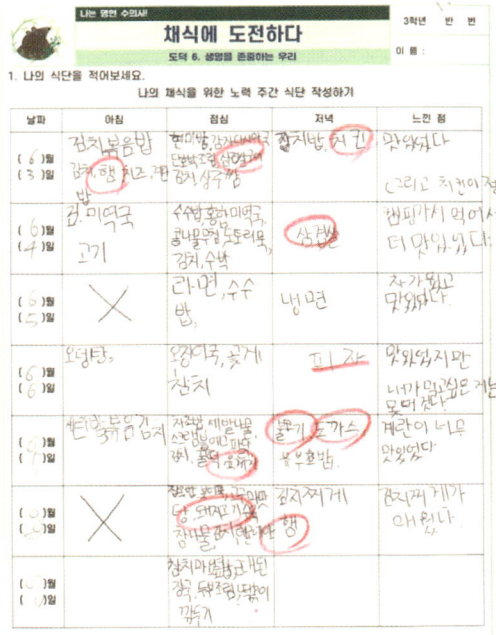

'채식에 도전하다' 활동지 예시

식단을 걷어 고기류에 표시해 주었더니 아이들은 일주일 동안 자신이 고기를 먹은 횟수가 이렇게나 많다는 사실에 깜짝 놀랐어요.

　병아리나 오리와 함께 지낸 이후로 몇몇 아이들은 급식에 치킨이 나와도 먹지 않았어요. 저도 아이들과 마찬가지로 한동안 닭과 오리고기를 먹지 못했고요. 일시적인 현상이었지만 병아리와 살면서 닭고기를 먹는 것을 힘들어한 아이들 마음을 생각하면 가슴이 따뜻해져요.

### ⑨ 표현 너는 어떤 동물이니?

동물에 대한 이해와 관심이 깊어진 아이들은 자신을 어떤 동물에 빗대어 표현할지 궁금해 자신의 특징과 성격, 습관을 반영하여 동물에 빗대어 표현해보는 활동을 넣었어요. 동물 도감을 참고해 오일 파스텔로 자신을 표현하고 까닭을 적었어요.

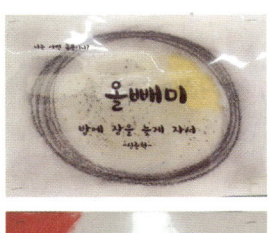

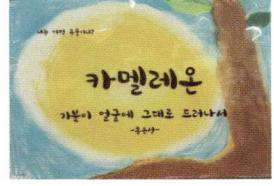
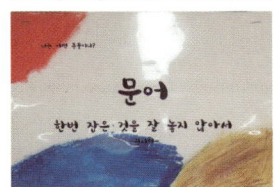
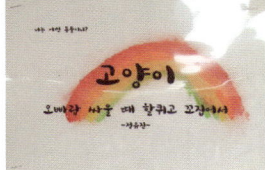

너는 어떤 동물이니?

- 올빼미 - 밤에 잠을 늦게 자서
- 강아지 - 체력이 좋고 손님이 오면 반가워해서
- 카멜레온 - 기분이 얼굴에 그대로 드러나서

- 문어 - 한번 잡은 것을 잘 놓지 않아서
- 고양이 - 오빠랑 싸울 때 할퀴고 꼬집어서
- 기린 - 친구들보다 키가 큰 편이라서

**Tip.**

• 아이들의 메타인지 키우기

'너는 어떤 동물이니'와 같이 스스로를 타인의 시선으로 객관적으로 바라보거나 은유적으로 빗대어 표현해보면, 생각보다 아이들이 자신에 대해 정확하게 파악하고 있어서 놀라곤 해요. 이런 질문은 아이 스스로 자신을 인식하게 하고 성장시켜주어요.

⑩ 표현  동물 이름 타이포그래피

미술에 디자인 단원을 함께 엮어서 타이포그래피를 했어요. 글자와 그림을 섞어서 디자인하는 것은 아이들에게 새로워서 그런지 살짝 어려워했지만, 뜻깊은 도전이었습니다.

아이들이 완성한 동물 타이포그래피

⑪ **표현** 🎨 **동물 도감, 햇살 초원의 동물들**

동물에 대해 많이 배운 이 시점에 자신이 더 알고 싶은 동물을 한 종류 골라 깊이 탐구하기 위해서 우리만의 동물 도감을 만들었어요. 도서관에서 동물 도감을 빌려와 내가 궁금한 동물을 조사하고 서식지, 먹이, 수명, 특징 등을 적었어요.

아이들이 만든 동물 도감

> **Tip.**
>
> ● **아이들 작품 게시에 교과서 상자를 액자로 활용해보세요**
>
> 　아이들의 작품 게시는 즉시 하는 것이 좋아요. '우리 반은 내가 활동하면 바로 전시하는구나'라는 암묵적인 규칙이 지켜지면 아이들은 다음 작품 활동에 더욱 정성을 들이거든요.
> 　작품을 게시할 때 액자를 활용하면 보다 그럴듯한 전시가 되는데, A4 도화지를 코너를 접어 세우면 간단하면서도 멋진 액자가 완성돼요. 학기 초 교과서 박스 속 구김 방지 상자를 재활용해 액자로 활용해도 좋습니다.

⑫ 확장 ☀ 여러 학년이 함께하는 캠페인

프로젝트의 마무리로 캠페인을 꾸미고, 1학년 짝 반 동생들을 초대했어요. 1학년 동생들은 초대해주어 고맙다는 내용이 담긴 편지를 들고 찾아왔어요. 1학년과 친구들을 대상으로 동물복지 프로젝트에서 배운 점을 발표했고, 발표하기 쑥스러워하는 아이들은 정보 그림책을 읽어주었어요. 6학년 밴드부 선배들이 작은 공연을 열어주어 「나는 나비」라는 곡을 다 같이 합창하기도 했어요.

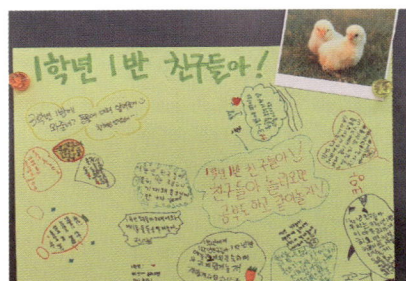

동물복지 캠페인 활동 사례

> **Tip.**
> 
> • 우리 학교의 경계 세우기
> 
>   배움 내용 확장 시 여러 학년이 어우러지는 활동을 구성하면, 관계도 돈독해지고 소속감도 높아져서 우리 학교만의 분위기가 형성돼요. 예를 들어 공연, 전시회, 캠페인, 나눔 행사 등에 다른 학년을 초대하거나 선후배를 위한 자료 제작 및 배포 등의 활동을 할 수 있어요. 초등학교 특성상 여러 학년에 걸쳐 형제자매가 재학하는 경우도 많기 때문에 색다른 재미도 있고 관계가 확장되는 것을 경험할 수 있습니다.

⑬ 확장 ☼ 배움 점검 & 성찰 노트

◆ 배움 점검

| 프로젝트 마무리 – 이런 것을 배웠어요 | | 3 | 2 | 1 |
|---|---|---|---|---|
| 스스로 점수 매기기 | | | | |
| 과목 | 국어 – 문학작품 감상하고 읽은 후 느낌 나누기 | | | |
| | 국어 – 글을 읽고 의견 파악하기 | | | |
| | 국어 – 내 의견에 까닭을 들어 글쓰기 | | | |
| | 과학 – 동물의 한살이 알아보기 | | | |
| | 과학 – 동물복지, 동물원 동물들 이해하기 | | | |
| | 도덕 – 생명 존중, 동물 보호의 마음 다지기 | | | |
| | 도덕 – 채식 실천하기 | | | |
| | 체육, 음악 – 캠페인 자료 제작하기 | | | |
| | 미술 – 동물 타이포그래피 | | | |
| | 합계 | | | |

◆ 성찰 노트

- 동물은 장난감이 아니고 생명이 있으며 물건처럼 다루면 안 된다는 것을 배웠다.
- 동물원 동물을 보고 화가 났다.
- 타이포그래피가 재미있었다.
- 고기를 덜 먹기로 했다.

- 미술 시간에 만든 동물 크로스백에 핸드폰을 넣어서 매일 쓸 거예요.
- 식물과 우주를 배우고 싶어요.
- 동물이 이렇게 재미있을 줄 몰랐어요. 멸종위기종이 이렇게 많은 줄 몰랐어요.
- 집에 데려가서 키우고 싶은데 아쉬웠어요.
- 헤어지기 정말 싫었어요.

## ⑭ 확장 ☼ 평가 통지

♠ **국어:** 동물복지 프로젝트에서 유기견 강연을 듣고 유기동물 문제의 심각성을 느끼고, '사지 말고 입양하세요' 메시지를 담아 캠페인 자료를 제작함. 동물원 동물들의 삶을 돌아보고 하루 일기를 읽으며 깊이 공감하였음. 유기동물을 주인공으로 한 호흡이 긴 동화를 처음부터 끝까지 몰입하여 읽고 들었으며 미니북을 만들어 자신의 느낌을 서술함.

♠ **과학:** 병아리와 오리 부화 과정에 특히 관심과 흥미를 가지고 참여함. 매일 아침 일찍 학교에 와서 동물의 상태를 살피고 물과 사료를 갈아줌. 동물을 아끼고 사랑하는 마음이 있어 동물 프로젝트 기간동안 급식에 나온 육류 섭취를 꺼림. 햇살 초원의 동물들 게시판에 우리 반 동물 도감을 정성스럽게 제작하고 자신이 기르고 있는 강아지, 몰티즈에 대해 자세히 조사하여 내용을 적음. 오리 병아리와 헤어지기 아쉬워서 이별 편지를 정성스럽게 적고 헤어진 후에도 아쉬워하며 종종 떠올림.

♠ **도덕:** 동물을 사랑하는 마음이 각별하고, 유기견 문제에 있어서는 동물을 유기하면 안되는 이유를 논리적으로 제시하며 주장하는 글을 씀.

♠ **음악:** 「나는 나비」 곡을 꼼꼼히 외워 동물복지 프로젝트 날 함께 부름.

♠ **미술:** 동물 타이포그래피로 흑백의 고양이를 표현하였고, 곰돌이 크로스백을 열심히 제작하여 마무리하고자 애썼으며 자신의 작품을 소중히 다룸.

> 수업 에필로그

## 생명과 함께하는 교실, 오리·병아리와 함께 살아요

동물복지가 단기적으로 배울 일은 아니죠. 그래서 전체 프로젝트 기간 내내 교실에서 오리와 병아리와 함께 살면서 '공존'을 생활 속에 체득할 수 있도록 구성했던 것이고요. 오리·병아리와 살면서 동물복지, 동물권을 배우는 교실에서는 이중주가 울려 퍼지듯 두 개의 나선 구조 속에서 환경적 배움을 바탕에 두고 지식적 배움도 이어졌어요.

부화기를 켠 날부터 설렘 가득했던 우리는 부화 날짜가 다가올 무렵에는 특별한 일이 없는데도 싱글벙글 웃곤 했어요. 새 생명이 우리를 찾아올 거니까요.

어느 날 아침, 늘 그래왔던 것처럼 출근하자마자 부화기를 살펴보았어요. 오리 부화기 안에 검정 털 뭉치가 있어서 '어, 뭐지?' 하며 뚜껑을 열었는데 검정 오리와 눈이 마주쳤어요. 예정일 아침 정확하게 태어난 건강한 아이였어요. 아직 털도 마르지 않은 것으로 보아 태어난 지 한 시간도 안 된 것 같았어요.

'세상에, 오리가 이렇게나 예쁘다니!'

이제나저제나 기다리면서 응원의 메시지를 보내던 아이들과 부화 직후의 병아리와 오리

그 작고 동그란 부리, 새까만 눈동자, 앙증맞은 발가락 사이의 물갈퀴가 정말 사랑스러웠어요. 당연하지만 물갈퀴가 있다는 것이 그렇게 신기하더라고요. 흥분해서 사진과 영상을 찍었어요. 찍은 사진과 영상을 아이들에게 보여주며 소식을 전하고, 아직 너무나 어린 생명이니 털도 말리고 세상에 조금 더 적응한 후, 교실로 데리고 왔어요.

새끼 오리와 병아리가 교실에 오던 날에는 보호자로서 하나 된 아이들이 병아리와 오리를 돌봤어요. 아이들은 제가 시키지 않아도 서로 역할을 나눠서 할 일을 찾아서 했어요. 돌아서면 분비물이 쌓이는 사육 상자를 청소하고 먹이를 준비하겠다고 학교 텃밭에 뛰어가 상추를 따왔지요.

교실에는 특별한 기류가 흘렀어요. 이곳은 어린 생명이 사는 곳. 종종 의견 충돌이 있던 장난꾸러기 진우와 태호도 다투지 않았어요. 그저 많은 아이들이 쉬는 시간이면 병아리와 오리를 둘러싸고 앉아 아기 새들의 일거수일투족을 관찰하며 연신 감탄하기 바빴어요.

주말에는 저희 집으로 병아리와 오리를 데리고 왔어요. 먹이도 줘야 하고

수학 시험을 보는 도중 상자 위로 날아오른 닭. 승리의 여신 니케처럼 늠름하게 날개를 펼쳤다.

운동장에서 함께 논 우리

분비물도 치워줘야 하는데 학교에 둘 수는 없었거든요. 오리와 병아리를 돌보는 동안 교사인 저도 동물과 함께 성장했어요. 거실에 풀어주면 쪼르르 쪼르르 뛰어다니는 병아리들은 귀여웠고, 욕조에 물을 받아주니 자연스럽게 수영하는 오리 모습도 정말이지 사랑스러웠어요.

하지만 만남에는 필시 헤어짐이 있는 법. 우리는 이별이 하루하루 다가오고 있다는 것을 오리와 병아리가 자라는 과정에서 자연스럽게 깨달았어요. 날개 끝에 깃털이 돋아난 병아리는 어느 날, 수학 단원평가를 보던 조용한 교실에서 상자 위로 날아올라 똘망똘망한 눈으로 우리를 바라봤어요. 이제 제법 자라 중닭이 된 병아리에게 상자가 좁았던 거죠. 교실에서 자란 오리에게도 날이 갈수록 더 눈에 밟히는 게 있었으니, 바로 첫날부터 눈에 띈 오리발의 물갈퀴였어요. 하루는 운동장에서 물을 받아 오리 수영을 시켜주었는데, 생전 처음 물에 들어간 오리가 너무나도 편안한 표정으로 수영하는 모습을 보며 보내줄 때가 되었다는 것을 절실히 깨달았어요. 처음부터 예상했던 이별이었지만, 어린 생명들과 생각보다 깊은 정이 들어 마음이 아팠어요.

입양 신청서와 사육 계획서를 보내어 원하는 가정에 먼저 분양하고, 남은 아이들은 약속한 대로 농장으로 보내기로 했어요. 반 친구들은 너도나도 집에 데려가고 싶어 했지만 대부분 공동주택에 살고 있기에 쉬운 선택은 아니었어요. 그 와중에 함께 운동장에서 놀았던 1학년 학생이 정성스러운 글씨를 한바닥 가득 쓴 사육 계획서를 가지고 왔어요. 눈을 마주칠 때마다 머리를 쓰다듬어주고 따뜻한 행복을 느끼게 사랑과 정성으로 돌보겠다는 마음이 담긴 계획서라니. 이렇게 정성스럽게 써주어서 정말 고맙다고 말하며 분양해주었어요.

얼마 뒤 아이들이 떠난 교실에서 사육 상자를 정리하다가 상자 뒤에 잘 안 보이는 곳에 붙은 쪽지를 발견했어요. 수업이 끝난 뒤 교실에 들른 태식이가 붙여놓은 편지였어요.

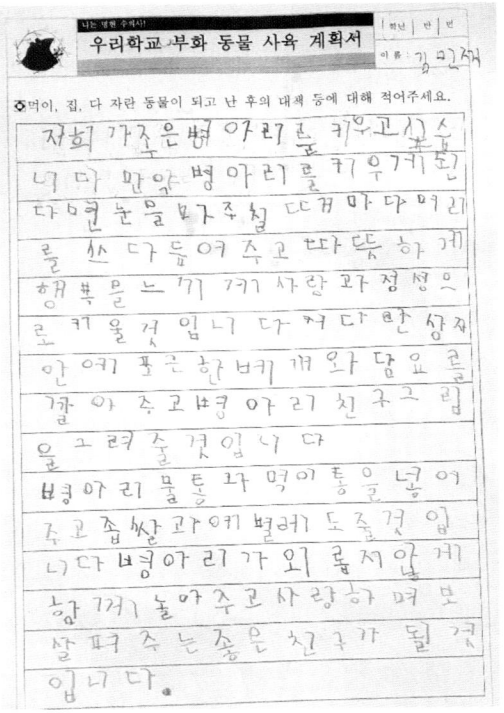

아이가 작성한 사육 계획서

"오리, 병아리야. 내일은 마지막 너희와 함께하는 날이야. 농장 가서 밥도 잘 먹고 건강해야 돼야 돼......."

똑똑한 태식이가 "건강해야 돼야 돼" 같은 비문은 쓸 리가 없는데, 아쉬운 마음을 그렇게라도 표현한 것 같았어요. 끝도 없이 찍힌 말 줄임표에 태식이의 아쉬운 마음이 그대로 남아 있었어요. 갑자기 마음이 먹먹해 눈물이 핑 고였어요. 제 마음도 이리 헛헛한데 아이들은 오죽할까 싶어, 제가 괜히 하지 않아도 되는 이별을 강제하는 건 아닌지 후회하는 마음이 일 지경이었어요. 잘 헤어져야 했어요.

다가온 이별의 날, 우리는 다 함께 작별 편지를 썼어요. 연필을 꼭 쥐고 꾹 꾹 눌러 마음을 가득 담았어요. 교실에 사각사각 연필 소리만 가득했는데, 서연이가 편지를 쓰면서 눈물을 훔치길래 얼른 휴지를 가져다주었어요. 서연이 말고도 몇몇 아이들이 눈물을 닦았습니다.

오리, 병아리와의 아쉬운 이별

- 너희와 함께해서 기뻤어. 비록 내일 가지만 우리를 기억해줘. 우리도 너희를 기억할게. 사랑해!
- 이제 우리 헤어져야 해. 그동안 정말 재미있었어. 한 달도 안 돼서 헤어지지만, 우리 헤어지더라도 꼭 웃자.
- 이제 우리 마지막 시간이야. 아주 짧은 시간이었지만 행복했어. 우리 만날 날이 오겠지? 우리 추억을 생각하며 너희가 행복하면 좋겠어. 우리 만날 때까지 안녕!

오리와 병아리는 농장에서도 환영받았어요. 이 아이들을 위해 마련한 공간에는 오리와 병아리가 쉬고 놀 수 있게 직접 제작한 사다리까지 마련되어 있었어요. 이후에도 아이들의 아쉬운 마음을 염려해, 영상과 사진도 종종 공유해주셔서 아이들과 함께 봤어요. 동물복지를 배운 마당에 닭과 오리가 좋은 곳에서 삶을 이어갈 수 있어서 정말 다행이었어요.

농장으로 떠난 오리

# 모두 한 마음으로!
# 작은 역할도, 가벼운 역할도 없단다

**4 연극**

십여 년 전, 학생들과 함께 관객 앞에서 작은 연극을 한 이후로 저는 가능한 매년 연극을 무대에 올리고 있어요. 연극은 우리가 모두 함께 만들어낸다는 데에 큰 의미와 감동이 있기 때문이지요.

온작품+연극 프로젝트의 흐름은 어느 학년이든 똑같아요. 학년의 교과에서 씨앗을 발굴하여, 그 주제를 깊이 탐구할 수 있는 도서를 온작품으로 함께 읽고, 연극으로 각색하여 무대에 올리는 흐름이죠.

다만, 중학년의 경우에는 온작품 도서를 조금 더 단순하고 짧게 장면극이나 즉흥극을 한다는 점, 대본을 쓰고 연기한다면 교사의 더욱 면밀한 지도가 필요하다는 점이 다릅니다. 연극 프로젝트를 이해하기 전, 초등학교에서의 연극 수업에 대해 간단하게 알아보겠습니다.

## ◆ 초등학교에서의 연극 수업

| 단원명 | 함께 연극을 즐겨요 | | | |
|---|---|---|---|---|
| 연극 단원 목표 | • 자기표현과 타인 이해를 위한 소통 능력을 기른다.<br>• 타인과의 의사소통 방법을 실제적으로 이해하고, 이를 실천하는 능력을 기른다.<br>• 통합적이고 생태적인 맥락 속에서 일어나는 배움을 경험한다. | | | |
| 연극 단원 취지 | • 2015 개정 교육과정부터 인문학적 소양을 위해 도입<br>• 자신과 타인을 이해하고 표현하며 소통하는 활동 중심 구성<br>• 교사와 학생이 작품을 자율적으로 선택하고 창조적으로 구성, 운영<br>• 몸짓으로 자기 자신을 표현하고, 타인을 이해하며, 생각을 나누는 통합적인 수업 설계, 운영 | | | |
| 연극 단원 구성 방향 | • 5학년 2학기~6학년 2학기 국어 나-첫 단원으로 10차시씩 위계적으로 구성<br>*단원명에 번호를 붙이지 않아 시기 운영의 자율성을 명시함 | | | |
| | 1~3학년 | 4학년 | 5학년 | 6학년 |
| | 역할놀이 | 역할극 | 촌극 | 무대극 |
| | | | | *코트니의 극적 행위 유형에 근간 |
| | • 연극 지도 모형: 준비⇨연습⇨실연 | | | |
| 연극 단원 운영 유의점 | • 학생의 자율권, 선택권을 보장하여 교사가 적절한 활동 계획/운영<br>• 연출 관련 평가는 하지 않고, 해당 학년의 듣기·말하기, 읽기, 쓰기, 문학에서 평가 | | | |

| | 학년 학기 | 단원 성취 기준 | 단원 학습 목표 | 단계 | 차시 학습 목표 |
|---|---|---|---|---|---|
| 학년별 성취 기준 및 활동 | 5-2 | • [6국05-04] 일상생활의 경험을 이야기나 극의 형식으로 표현한다.<br>• [6국05-02] 작품 속 세계와 현실 세계를 비교하며 작품을 감상한다. | 연극의 특성을 알고 자신의 경험을 즉흥으로 표현할 수 있다. | 준비 | 연극의 특성을 살펴볼 수 있다. |
| | | | | 연습 | 감정이나 생각을 몸짓으로 표현할 수 있다.<br>자신이 되고 싶은 인물을 떠올리며 즉흥 표현을 할 수 있다. |
| | | | | 실연 | 이야기의 장면을 표현하며 재미를 느낄 수 있다. |
| | 6-1 | • [6국01-04] 자료를 정리하여 말할 내용을 체계적으로 구성한다.<br>• [6국05-04] 일상생활의 경험을 이야기나 극의 형식으로 표현한다.<br>• [6국05-05] 작품에 대한 이해와 감상을 바탕으로 하여 다른 사람과 적극적으로 소통한다. | 경험을 살려 극본을 쓸 수 있다. | 준비 | 연극과 극본의 관계를 살펴볼 수 있다. |
| | | | | 연습 | 극본의 특성을 이해할 수 있다.<br>일상 경험을 극본으로 표현할 수 있다. |
| | | | | 실연 | 극본을 낭독할 수 있다. |
| | 6-2 | • [6국05-04] 일상생활의 경험을 이야기나 극의 형식으로 표현한다.<br>• [6국05-05] 작품에 대한 이해와 감상을 바탕으로 하여 다른 사람과 적극적으로 소통한다. | 극본을 읽고 연극을 할 수 있다. | 준비 | 연극의 특성을 생각하며 감상할 수 있다. |
| | | | | 연습 | 극본을 읽고 감상할 수 있다.<br>인물이 처한 상황에 알맞게 표현할 수 있다.<br>연극을 공연할 무대를 준비할 수 있다. |
| | | | | 실연 | 무대에서 연극 공연을 할 수 있다. |

| 운영 방법 | 통합여부 | 집중여부 | 수업시기 |
|---|---|---|---|
| | 교과 내 /교과 간 /생활 경험 단독 운영 | 집중 운영 분산 운영 | 학기 초 학기 중 학기 말 |

- 출처: 초등학교 국어과 교사용 지도서

제가 운영하는 연극 프로젝트의 흐름은 다음과 같습니다.

◆ 온작품읽기+학년 연극의 메커니즘

**온작품읽기**
1. 학년 교육과정에 어울리는 온작품 선정하고 함께 읽기
2. 우리 반 연극 부분 정하기: 학년의 모든 학급이 전체 작품의 일부를 연극하고, 모두 모이면 온전한 하나의 작품을 구성하는 방식으로 운영

➡

**연극 각색하기**
1. 챕터별 주요 장면 찾기
2. 주요 장면별 등장인물 찾기
3. 장면별 분위기를 탐구하고 어울리는 배경 그림과 음향, 소품 협의하기
4. 대본 쓰기

➡

**연극 역할 나누고 준비하기**
- 총감독 1명: 전체 진행 상황 체크
- 배우팀 10명: 배우
- 음향팀 3명: 배경 PPT 제작 및 음향 삽입
- 소품팀 3명: 장면별 소품 제작
- 홍보팀 3명: 포스터 초대장 제작
- 조명팀 3명: 조명 비추기

➡

**공연하기**
- 관객 초대
- 공연
- 공연 소감 나누기

**Tip.**

• **팀별 인원수는 꼭 이렇게 해야 하나요?**

선생님의 학급 여건에 맞게 수정하여 운영하면 됩니다. 책에서 다루는 수업의 경우 대략 20명으로 구성된 학급에 알맞게 인원을 분배했습니다. 저는 홍보팀이 조명팀의 역할까지 함께 맡도록 하여 인원수를 맞췄습니다.

## ◆ 각 팀별 역할과 교사가 체크하고 도울 부분

| 팀 종류 | 아이들 역할 | 연극 지도에서 각 팀별로 교사가 지도하고 체크할 부분 |
|---|---|---|
| 연기자팀 | 대본 연기 | • 대본을 다 외워야 하는 날짜를 칠판에 적어두기<br>• 연기 지도-실감 나는 대사와 지문에 맞는 동작 연습<br>• 동선 지도-전체 동선을 짜서 동선대로 움직이며 연습하도록 지도<br>• 장면 전환 시 연기자가 입·퇴장하는 동선 및 위치<br>• 여러 명의 연기자가 움직이는 경우 순서 정하기<br>• 새로운 막이 시작하면 연기자가 서 있어야 하는 지점 바닥에 표시하기 |
| 소품팀 | 소품 준비 | • 장면별로 꼭 필요한 소품을 모두 체크했는지 확인하기<br>• 필요한 소품 중에 구입 가능한 것은 학급 운영비나 교육과정 운영비로 구입하기<br>• 학교의 여러 장소에서 빌리거나 사용할 수 있는 소품 구해주기<br>• 전체 회의를 통해 가정에서 구할 수 있는 소품 담당자 정하기<br>• 장면별로 소품을 나누어 바구니에 담아서 순서대로 배열하고, 막이 넘어가는 잠깐의 시간 동안 무대의 적절한 위치에 소품 배치하는 연습하기 |
| 음향팀 | 배경 화면<br>음향 PPT<br>준비 | • 저작권 문제 없이 배경 이미지 및 음향 다운받는 방법 알려주기<br>• PPT에 배경 이미지 및 음향 삽입하는 방법 알려주기<br>• 한 장면 안에서 필요한 효과음 삽입하는 방법 알려주기<br>• 한 장면 안에서 효과음이 여러 개인 경우, 순서대로 버튼 만들어서 실제 공연에서 재생하는 데 문제 없이 준비하기(반복 연습 필요)<br>• 장면 전환 시 장면 분위기에 어울리는 곡을 삽입하고 페이드 인/페이드 아웃/볼륨 업/볼륨 다운 등 자연스럽게 넘어가는 방법 연구해서 지도하기<br>• 0번 슬라이드에 연극 시작 전 기다리는 관객을 위한 안내문과 잔잔한 곡 삽입하기<br>• 마지막에 우리 반 전체 이름이 들어가서 인사하는 동안 이름이 흘러갈 수 있도록 슬라이드 삽입하기<br>• 배우팀이 장면별로 대사를 외우고 동선을 짜고 연습하는 동안 음향팀은 서둘러 모든 장면을 구성하고, 되도록 빨리 배경과 음악을 깔고 실제 연습에 돌입할 수 있도록 지도하기<br>• 다음 반으로 넘어가는 막 전환에 잔잔한 음악과 다음을 예고하는 문구가 담긴 슬라이드 삽입하기 |
| 조명팀 | 조명 비추기 | • 배우팀이 연기할 때 대본을 보며 대사의 흐름을 알고 다음 조명을 비출 사람이 누구인지 파악하도록 지도하기<br>• 연습 과정에서는 도화지를 말아 고깔 모양의 가짜 조명을 만들어 마치 진짜 조명인 것처럼 대사하는 배우를 쫓아가며 비추는 연습하기<br>• 장면별로 조명의 색깔을 달리한다면 색 전환도 연습하기<br>*조명이 제대로 역할을 하려면 대본을 외우고 한 걸음 앞서서 다음 장면을 알고 있어야 합니다. 조명은 어두운 공연장에서 관객들이 지금 대사를 하는 사람에게 집중할 수 있게 유도하는 중요한 역할을 합니다. 하지만 조명을 맡는 아이들은 대부분 자신이 얼마나 중요한 역할인지 모르고, 연습에서는 대충 하더라도 특별히 티가 나지 않기에 역할의 중요성을 지속적으로 상기시켜 주어야 합니다.<br>• 배경이 완성되고 배우팀도 전체 대본을 외우는 때가 되면 실제 조명을 켰다 껐다 하며 연습해도 좋습니다. |

| 홍보팀 | 연극 포스터 초대장 제작 | ▪ 연극 분위기를 반영한 포스터 제작<br>　*여러 장 또는 한 장만 만들어 스캔 및 플루토 출력 모두 가능<br>▪ 다 만들어진 포스터는 학교 여기저기에 게시하여 홍보하기<br>▪ 초대장 대표 이미지 제작하여 뒷면에 P2P로 초대하는 양식의 초대장 만들기<br>　*제가 근무하는 학교는 혁신학교이고 학급 인원수가 적어 조명팀이 홍보팀을 동시에 했습니다. |
|---|---|---|
| 총연출 | 전체 총괄 | ▪ 총연출 1명<br>▪ 동시다발적으로 이루어지는 연극 준비에서 모든 팀이 원활히 진행되고 있는지 체크하고 부족한 점이 있다면 해결하거나 저에게 상황을 설명하고 함께 해결하는 역할을 합니다. |

　제가 연극 지도했던 두 사례를 보면 각각의 역할에 대해 더 쉽게 이해할 수 있을 것입니다. 연극 프로젝트의 전체 흐름은 5학년과 6학년이 비슷합니다. 다만, 학년별 교육 내용에 맞는 도서나 학년 선생님들이 지도하기를 원하는 도서를 선정한다는 점, 해당 온작품 도서의 내용에 맞는 세부 활동이 이뤄진다는 점이 다르다고 보시면 됩니다.

# 가짜 독립투사의 가면을 벗겨라

## (5학년 사례)

◆ 프로젝트 개요

| 주제명 | 일제강점기의 독립투사로서 광복을 위한 노력하기 | | | | |
|---|---|---|---|---|---|
| 추천 시기 | 2학기, 사회 진도에 맞추어 | 관련 교과 | 국어, 사회, 음악, 미술, 창체 | 차시 | 44 |
| 역량 | 창의적 사고 역량, 심미적 감성 역량, 협력적 소통 역량, 공동체 역량 | | | | |
| 재구성 이유 | "역사를 잊은 민족에게 미래는 없다"라는 신채호 선생님의 말씀처럼 역사 교육이야말로 인간 정신세계의 배경을 마련하는 데 중요한 역할을 한다고 생각한다. 5학년 2학기에 시작되는 연극 수업과 고조선부터 6.25까지의 방대한 범위를 아우르는 역사 수업을 접목하여 역사의 장면을 직접 경험하며 이야기와 함께 배우는 역사 수업을 진행하고 싶었다. 학생들은 『가짜 독립투사의 가면을 벗겨라』를 온작품으로 깊이 느끼고 연극으로 재구성해 공연을 한다. 프로젝트를 마치면 연극에서 맡은 배역 및 역할을 통해 종합예술로 자신을 표현하는 경험까지 아우를 수 있다. | | | | |

# 1 교사 교육과정 설계

## ① 교육과정 맥락 잡기 (Why & How)
◆ 연극 프로젝트의 전체 흐름 및 구성 요소

| 취지 \| 각 개인이 협업하는 과정을 통해 자존감과 협동 의식 함양 |
|---|

책 함께 읽기 — 연극 준비 — 연극 공연 — 성찰하기

키워드 ｜ 일제의 침략과 광복을 위한 노력

**국어**
- 독서 단원
- 인물의 삶을 찾아서
- 연극 단원

**미술**
- 어떻게 관찰하고 그릴까(인물화)
- 널리 알리는 디자인

**음악**
- 학교 행사에 모두 함께

**창체**
- 자율(친구사랑 연극 공연)
- 봉사(공연장 뒷정리)

"역사를 잊은 민족에게 미래는 없다." 신채호 선생님의 말씀이죠. 역사 교육이야말로 인간의 정신세계, 세상을 바라보는 창을 마련하는 중요한 교육이라고 생각합니다. 그러니 5학년 담임을 맡으면서부터 가장 걱정스러웠던 건 사회 교과 지도였습니다. 5학년 역사 교과의 과정이 고조선부터 6.25까지라서 이 방대하고 중요한 내용을 어떻게 잘 가르칠 수 있을까 고민되었어요.

역사 공부를 지식 쌓기로만 하고 싶지는 않았습니다. 역사의 한 장면을 마주하고, 역사 속 인물과 대화하고 함께 호흡하며 배우는 수업을 하고 싶었어요. 그래서, 역사 동화를 활용하기로 했어요. 역사 속

| 주제 및 취지 | [연극] 협업하여 공동의 창작물을 구성해가는 과정을 통해 협동 의식 및 자아존중감 향상 | |
| --- | --- | --- |
| 씨앗 | 사회 | • 일제의 침략과 광복을 위한 노력 |
| 도구 | 국어 | • 독서 단원, 문학 단원<br> - 온작품을 함께 읽고 작품을 깊이 이해하기<br>• 연극 단원<br> - 함께 읽은 작품을 연극으로 각색하여 역할을 나누어 연극 준비하고 공연하기 |
| 표현 | 음악 | • 연극 단원<br> - 함께 읽은 작품을 연극으로 각색하여 역할을 나누어 연극 준비하고 공연하기 |
| | 미술 | • 무대 위 이야기<br> - 소품, 배경, 포스터, 홍보지 등 제작 |
| 확장 | 창체 | • 연극 공연<br> - 연극 무대 올리기<br> - 관객 초대하기 |

사실을 소재로 한 완성도 높은 문학작품을 활용하여 책도 읽고 사회 배경지식도 쌓으면 일석이조라고 생각했어요.

적당한 작품을 찾아 도서관 서가를 거닐다, 『가짜 독립투사의 가면을 벗겨라』(송윤경 글, 조원형 그림, 한솔수북, 2009)를 발견했어요. 주인공이 시간 이동하며 독립투사의 삶을 가장 가까운 곳에서 경험하는 이야기라 책을 읽는 과정에서 자연스럽게 일제강점기의 역사를 배울 수 있는 책이었어요. 그것도 단순한 사실 나열이 아니라 생생한 역사 경험을 통해서 말이죠. 안성맞춤이었어요.

역사 동화를 활용한 연극 수업은 대만족이었어요. 특히나 이 책은 하나의 사건만이 아니라 한 시기 전체를 다루고 있어서 호흡이 빠른 5학년 2학기 사회 진도에도 큰 도움이 되었어요.

> **Tip.**
> - 『가짜 독립투사의 가면을 벗겨라』 줄거리
>
>
> 독립투사의 후손인 '동립이'가 과거로 돌아가 할아버지의 일기장을 찾아 진실을 찾아가는 이야기. 같은 반 친구인 '나잘난'이 독립투사의 후손으로 인정받는 것이 부럽고 억울했던 동립이는 꿈속에서 만난 할아버지의 소원을 이뤄주기 위해 과거로 돌아간다. 독립투사였던 할아버지와 함께 안중근, 유관순, 윤봉길, 김구 선생님을 만나며 역사의 흐름 속에서 독립투사의 삶을 가장 가까운 곳에서 경험한다.

② 세부 계획 세우기

중학년 동화는 장면극으로 표현하거나, 짧은 작품은 우리 반에서 한 작품을 진행해도 좋지만, 고학년 동화는 서사가 있기에 그렇게 진행하기는 어려워요. 저는 한 학년 세 개 학급 내외로만 연극을 지도했는데, 각 반에서 작품 일부를 연극으로 각색하여 무대에 올렸어요. 예를 들어 12개의 챕터로 이루어진 동화의 경우, 세 반이 각각 네 챕터 정도씩 나누어 각색하여 무대를 올리는 방식으로요.

 이런 식으로 진행하면 하나의 역할을 맡은 아이가 반마다 생겨요. 주인공인 '동립이'도 세 명이 연기하죠. 처음엔 관객들의 이해를 돕기 위해 가슴에 명찰을 달아보기도 하고 의상을 맞춰 입히기도 했었는데요. 여러 번 진행해보니 굳이 그러지 않아도 관객들은 내용을 따라오면서 자연스럽게 이해하며 감상한다는 것을 알았어요.

◆ 프로젝트 내내 교사의 북극성이 되어주는 탐구 주제

| 탐구<br>주제 | ▪ 문학작품을 즐겁게 감상하는가?<br>▪ 일제강점기 독립투사의 삶을 체험하고 역사란 과거와 현재가 닿아 있는 것임을 아는가?<br>▪ 작품을 감상하고 경험한 역사로 배운 점을 현재의 삶과 연관 지을 수 있는가?<br>▪ 작품을 감상하고 다양한 매체를 통한 역사 지식에 관심을 보이는가?<br>▪ 마음에 와닿은 작품을 인물의 특성을 살려 연기할 수 있는가?<br>▪ 종합예술 연극을 표현하기 위하여 모두가 맡은 역할이 조화를 이뤄야 한다는 것을 알고 자신의 역할을 스스로 수행하려는 태도를 보이는가? |
|---|---|

◆ 전체 프로젝트의 밑그림이 되어줄 설정들, GRASPS, 수행 과제, 평가 준거

| 수행<br>과제 | ▪ GRASPS<br>작품 속 동립이의 친구(R)가 된 당신! 책을 읽으며 시간여행을 함께 하면서 안중근, 유관순, 윤봉길, 김구 선생님을 만나며 역사의 흐름 속에서 독립투사의 삶을 경험(S)하고 다양한 방법으로 표현(P)합니다. 간접 경험한 역사의 장면을 관객(A) 앞에서 종합예술인 연극 공연(G)을 선보임으로써, 독립투사분들의 노고를 기려 현재를 살아가는 삶의 태도를 생각해볼 기회를 제공합니다(S).<br><br>▪ 수행 과제 1. 재미와 감동을 느끼며 작품을 감상하기<br>▪ 수행 과제 2. 한 컷 만화, 질문 만들며 읽기, 서평 쓰기<br>▪ 수행 과제 3. 연극 시나리오 각색, 홍보팀, 배우팀, 연출팀 등의 활동을 통하여 연극 준비하기<br>▪ 수행 과제 4. 연극 무대에서 연기하기<br>▪ 수행 과제 5. 서로의 관객이 되어 서로를 평가하기(자기 평가, 동료 평가)<br><br>▪ 평가 준거 1. 즐겁게 문학작품을 감상하는가?<br>▪ 평가 준거 2. 독립운동가의 삶을 간접 경험함으로써 삶의 태도를 고민하는가?<br>▪ 평가 준거 3. 무대에서 인물의 성격을 살려 연기할 수 있는가? |
|---|---|

*GRASPS: Goal 목표 Role 역할 Audience 청중 Situation 상황 Product 산출물 Standards 준거

◆ 프로젝트 전체 흐름

| 차시 | 교과 | 단원 | 흐름 | 학습지 | 평가 |
|---|---|---|---|---|---|
| 1 | 창체 | 독서 | ▪ 동기 유발하기<br> - 책 표지, 제목 이야기 나누기<br> - 책 표지 보고 브레인스토밍하기<br> - 주인공 이름의 의미 알아보기 | ☑ | |
| 2~17 | 국어 | 독서. 책을 읽고 생각을 넓혀요 | ▪ 내용 예측하기<br> -챕터별 소제목으로 이야기 예측하기<br> -시대적 배경 이해하기<br>▪ 챕터별 성취 기준 달성을 위한 학습지 해결<br> - 책 깊게 읽는 다섯 전략(질문, 비판, 상상, 경험, 사실)으로 책 읽기<br> - 독서일지 기록하며 책 읽기<br> - 질문으로 깊이 읽기 – 질문 만들기<br> - 비캔버스로 '페이스 맵' 활동하기<br> - 인물의 생각, 본 것, 들은 것, 느낀 것, 냄새 맡은 것 정리해보기<br> - 책 속 한 장면 만화로 표현하기<br> - 질문하며 영화 읽기 + 토의하며 글쓰기<br>▪ 읽은 후 활동<br> - 영화 소감문 쓰기<br> - 서평 쓰기<br> - 책거리 행사하기 | ☑ | ☑ |
| 18~25 | 사회 | 2-2. 일제의 침략과 광복을 위한 노력 | ▪ 역사 지식 탐구<br> - 일제의 침략에 맞서 나라를 지키고자 노력한 인물에 대해 알아보기<br> - 광복을 위하여 힘쓴 인물의 활동을 파악하기<br> - 독립투사분들께 감사의 마음을 가지고 나라 사랑 다짐하기 | ☑ | ☑ |
| 26~33 | 국어 | 연극. 함께 연극을 즐겨요 | ▪ 연극 준비 및 공연<br> - 연극이란 무엇인지 알아보기<br> - 역할 정하기: 연출, 배우, 소품, 음향·조명, 홍보<br> - 정지극: 타블로 기법으로 장면 맞히기<br> - 대본 쓰기<br> - 맡은 역할 연습하기<br> - 연극 공연하기 | ☑ | ☑ |
| 34~41 | 미술 | 4. 무대 위 이야기 | ▪ 무대 꾸미기<br> - 만화 그리기<br> - 영화 표지 그리기<br> - 연극 배경 그리기<br> - 연극 소품 그리기<br> - 연극 무대 꾸미기 | ☑ | ☑ |
| 42~44 | 음악 | 하나 되는 음악 축제 | ▪ 공연<br> - 우리가 함께하는 연극 축제 계획하기<br> - 성찰 노트 쓰기 | ☑ | ☑ |

# 2 프로젝트 수업 A to Z

① 첫날

이번 프로젝트는 책에 대한 궁금증과 기대를 높여주는 '너의 이름은' 책 놀이로 시작했어요. 놀이 방법은 다음과 같아요.

1. 4명 정도씩 모둠을 나눠, 모둠별로 한 줄로 세운다.
2. 모두 뒤돌아 교실 뒤편을 보게 하고 가장 앞의 아이들에게만 책 표지를 보여준다.
3. 맨 앞의 아이들은 책 표지를 보고 하나의 단어를 생각한 뒤 두 번째 아이에게 말한다.
4. 두 번째 아이는 단어를 듣고 연상되는 단어를 세 번째 아이에게 말한다.
5. 가장 마지막 아이까지 반복한 후, 마지막 아이부터 역순으로 단어를 말하고, 마지막에 책 표지와 제목을 공개한다.

아이들이 발표한 단어를 역순으로 정리하면 다음과 같습니다.

- 1모둠: 시계⇨시간⇨날짜⇨3월 1일
- 2모둠: 일제강점기⇨유관순⇨만세운동 독립⇨독립
- 3모둠: 범죄⇨법원⇨판사⇨정치⇨사회
- 4모둠: 눈사람⇨겨울⇨눈⇨얼굴⇨가면

책 표지를 본 각 모둠의 1번 아이들이 3월 1일, 독립, 사회, 가면을

온작품읽기를 시작하기 전 '너의 이름은' 책 놀이 중인 아이들

키워드로 전달한 것에서 시작해 마지막에는 시계, 일제강점기, 범죄, 눈사람으로 끝난 상황이었어요. 하나씩 밝혀질 때마다 교실에 웃음이 가득했어요. 이렇게 궁금증이 폭발한 가운데 책 표지를 만난 아이들은 책에 큰 관심을 보였어요.

책 놀이 후에는 여느 때처럼 편지로 프로젝트를 열었습니다.

> 안녕! 햇살초 5학년 친구들!
>
> 나는 동립이야. 내가 오늘 우리 할아버지를 얼마나 원망했는지 몰라. 정말이지 배가 아파서 말이야. 우리 반 잘난척쟁이 '나잘난'이 안 그래도 꼴도 보기 싫은데, 요즘 숨겨진 독립투사의 후손으로 밝혀져 아주 세상 셀럽이 되었거든.
>
> 그런데 나는 왜! 왜 그렇게 못 하는 거야? 우리 할아버지도 독립운동을 했다고 들었어. 그런데 무슨 증거가 있어야 말이지. 가족들만 아는 독립운동이 무슨 소용인지 할아버지가 무능해 보일 지경이야. 솔직히 이제는 할아버지가 독립운동을 정말 한 것은 맞는지, 의심스럽기까지 해.
>
> 그런데 얘들아, 오해 말아 줘. 나 원래 이런 아이 아니었어. 내가 우리 할아버지를 얼마나 자랑스러워했다고. 아빠도 남한테 보여주는 거 다 필요 없다고, 할아버지의 넋을 기리고 우리가 자랑스러워하면

> 된다고 하셨어. 그런데 다른 사람들이 자꾸 나보고 거짓말한다잖아. 돋보이고 싶어서, 증거도 하나 없으면서 자꾸 자랑한다고 말이야. 우리 할아버지도 잘난이네 할아버지처럼 증거를 남기셨으면 얼마나 좋았을까. 아니면 재산이라도……. 잘난이는 집도 부자인데, 할아버지의 독립운동을 주제로 한 영화에 출연까지 한대. 그런데 우리 집은 뭐냐고?
>
> 이런 마음으로 할아버지 제사상에 어떻게 절을 해야 하나 걱정하면서 집에 왔거든. 거실에서 제사 준비하는 것을 보고, 나는 그냥 방에 들어와서 잤어. 그런데 할아버지가 꿈에 나온 거야.
>
> "예끼 윤석! 할아버지한테 인사도 안 하고 잠이 오냐? 동립아, 그렇게 속상하면 네가 이 할애비의 한을 좀 풀어다오. 할아버지의 일기장을 찾으면 네가 그렇게 원하는 증거, 그거 찾을 수 있다. 할애비가 매일 쓰던 일기장, 그걸 그렇게 잃어버리지만 않았어도……. 부탁한다. 햇살초 아이들이랑 함께 일기장을 꼭 찾아주렴."
>
> 꿈에 나온 할아버지는 홀연히 사라졌어. 그런데, 뭐? 증거? 일기장? 그거 어떻게 찾지. 너희가 나랑 같이 좀 찾아줄래? 제발 부탁이야. 할아버지의 한도, 내 한도 좀 풀어줘. 저 꼴도 보기 싫은 나잘난이의 코를 꽉 눌러주자. 나도 멋진 할아버지 있다고 말이야! 참. 나를 돕고 싶으면 『가짜 독립투사의 가면을 벗겨라』를 꼼꼼히 읽고 연극 공연을 해줘. 그러면 그 과정에서 증거를 찾을 수 있을 거야. 부탁해!
>
> -10월 28일, 동립이가.

난데없는 동립이의 부탁에 마음이 불끈 달아오른 아이들에게 말을 걸었습니다.

"얘들아, 책을 한번 읽어볼까?"

② 씨앗 도구 온작품읽기

온작품읽기를 할 때마다 제가 늘 고수하는 규칙이 있어요. 책 전체를 소리 내어 읽어주는 것입니다. 이는 어느 학년이나 마찬가지예요. 이유는 두 가지입니다. 작품에 대한 몰입과 이해도 향상. 고학년 아이들은 혼자 읽고 충분히 내용 파악까지 가능한 경우가 많지만, 그런 아이들도 함께 책을 펼치고 선생님이 낭독해주는 것을 선호해요. 모두 책을 바라보고 눈으로 따라가다가 동시에 책장을 넘기는, 같은 구절에서 함께 어떤 마음을 느끼며 앞으로 나아가는 이 시간이 저는 참 좋습니다.

몇 년 전 우리 반이었던 해준이는 당최 책을 옆에 두지 않는 아이였어요. 자투리 시간에 책 읽기가 기본 규칙인 우리 반에서 단 한 번도 책 읽는 모습을 보여주지 않는 아이였죠. 그해에도 온작품읽기에서 저는 책을 읽어주었어요. 책을 중반쯤 읽은 어느 날, 6교시가 끝나는 종소리에 내일 이어 읽기로 하고 수업을 마쳤어요. 해준이는 같이 학원에 가는 민우가 청소 당번인 바람에, 친구를 기다리는 동안 교실 구석에서 우리가 함께 읽던 책을 이어서 읽었어요. 잠깐 교실을 비웠다 돌아오니 청소를 마친 아이들은 모두 집으로 돌아간 뒤였고, 해준이 혼자만 같은 자세로 책을 보고 있었어요. 아이들이 돌아간 것도 모르고 책에 몰입했던 해준이는 제가 이름을 부르자 고개를 들었어요. 마치 멀리 여행을 다녀온 듯한 얼굴이었어요.

"선생님, 민우 갔어요? 책 읽느라 민우가 가는 것도 몰랐어요. 그런데 이 책 너무 재미있어요. 저 이렇게 두꺼운 책 처음 읽어요. 내일 또 읽을게요!"

해준이는 저렇게 예쁜 말을 남기고는 서둘러 교실을 빠져나갔고, 저는 몇 분 정도 그 말을 음미하며 가만 앉아 있었어요.

함께 책을 읽는 방법은 다양해요. 저처럼 교사 혼자 처음부터 끝까지 읽어주는 것이 가장 몰입도가 좋지만, '함께' 읽기이니 아이들과 한 페이지 또는 한 단락씩 돌아가며 읽는 윤독도 좋아요. 사실 함께 온전한 한 작품을 읽는 것은 그 자체로 좋지요.

**Tip.**

- 연극 수업을 위한 온작품읽기에서 특히 유의할 점이 있나요?

책의 모든 장면이 연극이 되지는 않지만, 함께 읽는 책의 주요 장면들이 연극 무대로 살아날 것이기에 연극 전 온작품읽기는 낭독이 중요합니다. 아이들에게 읽기 전 다음과 같은 당부를 합니다.

① 인물의 대사를 특히 유의하여 듣고, 대사를 하는 인물의 마음을 헤아려요.
② 들으면서 장면을 상상하며 듣기: 무대에서 펼쳐지면 어떤 장면이 될지 상상해요.
③ 인물의 성격을 파악하고 어울리는 목소리, 행동, 옷차림 등을 생각해요.
④ 장면의 상황(배경), 어울리는 음악, 필요한 소품을 상상해요.
⑤ 어떤 장면이 중요한 장면인지 생각해요.

이런 여러 당부를 하고, 저는 대사를 120퍼센트 정도 약간 과장되게 읽어줍니다. 아이들은 저의 대사나 톤을 기억하고 기준을 맞추는 모습을 보이거든요.

③ 도구 📋 패들렛으로 서평 공유하고, 답글 달기

책을 다 읽고 패들렛에 접속해 서평을 남겼어요. 자기 서평을 다 쓴 뒤에 친구의 서평을 읽고 답글 세 개를 달아주는 미션을 주었더니 자연스럽게 동시다발적인 소통이 일어났어요.

아이들이 친구의 서평에 단 댓글들

④ 씨앗 💡 사회 교과서로 배움 점검

책을 읽고 나니 자연스럽게 사회의 일제강점기 부분은 학습이 아주 꼼꼼히 이루어진 상황이었어요. 동화에 하나의 역사 장면이 지나면 챕터 끝에 정보 페이지가 있었기에 가능했어요. 하지만 깔끔한 정리를 위해 교과서를 한번 빠르게 점검하고, 잘 배웠는지 과정 중심 평가까지 진행했어요.

> **Tip.**
>
> **• 과정 중심 평가란?**
>
> 교육과정 성취 기준에 기반한 평가 계획에 따라 교수·학습 과정에서 학생의 변화와 성장에 대한 자료를 다각도로 수집하여 적절한 피드백 제공을 통하여 지속적으로 성장할 수 있도록 이끄는 평가.   -출처: 교육부, 학생 평가 톺아보기(2021)
>
> '즐거운 배움'에서 '즐거움'만 남지 않도록 짚을 것은 확실히 짚어주어야 해요. 저는 전체 흐름을 강약중강약을 살려 배치하고 중간중간에 평가를 넣어 점검하면서 나아가도록 과정을 구성해요. 여기에서 제가 제시한 문항은 "일제에 맞선 인물이나 광복을 위해 앞장선 독립투사에 대해 아는 대로 적고, 그 분들의 노력을 위해 내가 할 수 있는 일을 서술하시오" 였습니다.

⑤ 도구 📖 확장 ☀ 독서 후, 책거리 행사 진행

보통은 작품을 읽고 나면 교실에서 독후활동을 진행하지만, 이번 온작품은 학년 연극으로 이어질 것이므로 학년 책거리 행사를 크게 진행하기로 했어요. 운동장 각 모퉁이에 코너를 네 개 만들어 모두 체험한 후, 마지막에 모두 운동장 가운데 모여 앉아 배움을 점검하기 위한 골든벨 문제를 풀기로 했습니다.

## ◆ 독서 책거리 행사

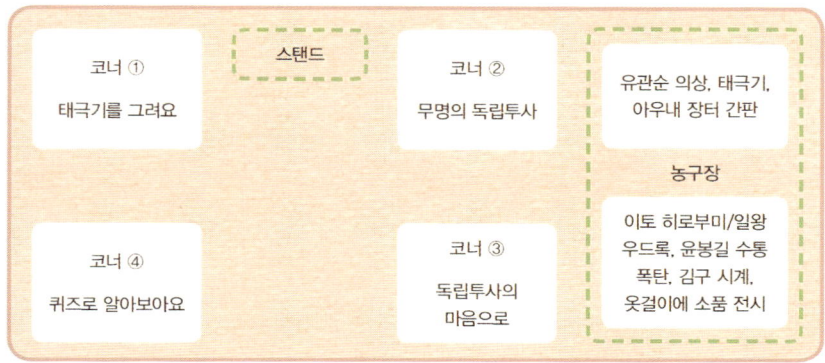

🔊 운동장 배치도

| 코너 | 설명 | 내용 | 준비물 |
|---|---|---|---|
| 1<br>태극기를<br>그려요 | ▪태극기 기념 배지 만들기 및 사진 촬영 코너<br>- 사진 소품으로 재활용 상자에 스프레이를 뿌려 연출한 감옥과 작은 태극기를 준비했다. | ▪배지 종이에 스탬프 찍고 꾸미기 | ▪책상 5개<br>▪배지 도구<br>▪배지 종이<br>▪태극기 문양 도장, 스탬프 잉크 준비 |
| 2<br>무명의<br>독립투사 | ▪독립투사분들을 기억하기 위한 코너<br>- 작품을 읽는 동안 함께 한 동립이 할아버지처럼 무명의 독립투사분들이 많을 것이었기에, 기억하고 싶어 준비했다. | ▪게시판 1. 독립투사 이름<br>- 테두리 글씨로 뽑아서 이름 꾸며 붙이기<br>▪게시판 2. 독립투사 얼굴<br>- OHP에 매직으로 점묘화 찍어 완성 작품 붙이기 | ▪책상 5개<br>▪게시판에 붙일 수 있게 스테이플러, 심 준비<br>▪점묘화: 두꺼운 네임펜<br>▪초상화: 도톰한 A4에 뽑기 색연필, 사인펜, 매직 등 |
| 3<br>독립투사의<br>마음으로 | ▪역사 속의 한 장면을 경험하기 위한 코너<br>- 이어지는 연극 활동을 위해, 책 속의 주요 장면이나 대사를 적어 통에 담아두고, 무작위로 뽑아서 연기했다. | ▪미션지의 장면 즉흥 연기하기<br>- 미션지에 장면이나 행동 적기<br>**a. 장면 제시 카드**<br>A, B 대사 넣고 뒤에 이어서 대사 이어갈 수 있게.<br>**b. 행동 제시 카드**<br>예) 유관순이 되어 태극기를 들고 대한독립만세를 외치며 피구장을 돈다.<br>예) 윤봉길이 되어 도시락 폭탄을 일왕에게 던진다.<br>예) 안중근이 되어 이토 히로부미에게 총을 쏜 후, 코레아 우라를 세 번 외친다. | ▪장면카드<br>▪유관순 복장<br>▪남자복장<br>▪김구 의상<br>▪김구 안경<br>▪윤봉길 도시락 폭탄<br>▪이토 복장<br>▪옷걸이에 걸어두기<br>▪작은 손태극기<br>▪이토 히로부미, 일왕 등 플루토로 뽑아서 우드락에 붙여 세워두기<br>▪미션 내용은 뽑아서 두꺼운 도화지에 붙이기 |

| | | | |
|---|---|---|---|
| 4<br>퀴즈로<br>알아봐요 | • 지식적인 부분을 점검하기 위한 코너<br>- 개인 퀴즈, 짝 퀴즈, 모둠 퀴즈 활동으로 앎을 점검했다. | ① A, B 5문제 정도 내서 문제 세트 11개 만들기<br>(둘이서 10문제)<br>② 짝끼리 문제 내고 맞히기<br>③ 두 팀이 만나서 서로 문제 내고 맞히기<br>④ 교사는 돌아다니며 문제 제출 – 맞히는 팀에게 보상하기 | • 문제 세트 개인/짝/모둠 다른 색지에 뽑아 준비<br>• 문제 종류<br>- 온작품 도서 내용 독서 퀴즈<br>- 온작품 도서와 관련된 역사 퀴즈 |
| 5<br>독서<br>골든벨 | • 모든 코너가 끝나고 운동장 가운데 모여 다시 한번 배움을 점검하는 총정리 코너로 준비했다. | • 4번 코너 퀴즈 활용 전체 주요 내용 복습<br>• 난센스 문제로 재미 요소 추가 | • 문제 카드<br>• 개인 방석<br>• 화이트보드, 마커펜, 지우개 |

⑥ **표현** 🎭 **작품 깊이 읽기**

더욱 실감 나는 연극 장면 연출을 위해 역사 속으로 돌아가 인물의 오감으로 당시의 상황을 경험해보기로 했어요. 오감으로 느끼는 것은 진짜 인물의 감정을 헤아리는 데 있어 매우 중요한 과정이에요. 따라서 책 속 내용 이외에도 인물에 대해 알 수 있는 더 많은 자료를 조사하고 인물을 다각적으로 이해해보자고 안내했어요. 역사의 장면 속에서 그 인물이 보고 들은 장면, 맡은 냄새, 하고 싶은 말, 그 순간 인물이 했을 법한 생각 등을 느껴보고 정리했어요. 배경지식을 충분히 채운 후 정리한 인물 되어보기 활동지는 내용이 더욱 풍성했고, 인물의 디테일한 말과 행동 또한 생생해졌어요.

◆ **극 중 장면의 인물 되어보기 활동지**

① 머리: 그 인물이 했을 것 같은 생각 적기
② 귀: 그 인물이 들었을 것 같은 소리(이야기) 적기
③ 코: 그 인물이 맡았을 것 같은 냄새 적기
④ 입: 그 인물이 하고 싶을 것 같은 말 적기
⑤ 눈: 그 인물이 보았을 것 같은 장면 적기

학습지에 해당하는 내용을 넣어, 머리, 귀, 코, 입, 눈에 주인공이 부위별로 느꼈을 감각들을 상상 속에서 만나도록 했어요. 인물이 되어 경험한 내용은 비캔버스 앱으로 정리해 생각을 공유했어요.

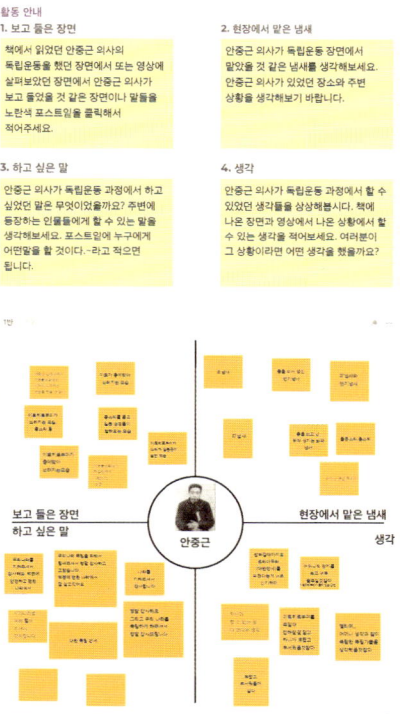

역사 속 한 장면으로 파고 들어가 당시 상황을 느끼고 비캔버스로 표현했다.

⑦ 도구 📖 연극의 이론적 이해

연극 관련 학습지를 제작하여 기본적인 이해를 할 수 있도록 했어요. 앞서 설명했듯 초등학교 연극 수업은 5학년 2학기부터 매 학기 10차시씩 배정되어 있고, 내용은 위계적으로 심화되기 때문에 이론을 간단하게라도 짚어주고 지나갔어요. 수업에서 활용한 활동지는 다음과 같아요.

## ⑧ 도구 📖 표현 ✏️ 연극 장면 구성하기

우리 반은 전체 내용 중 안중근이 등장하는 장면을 맡고 있어서 해당 부분을 각자 다시 읽은 후, 주요 장면을 추출하고 장면별 등장인물, 배경, 필요한 소품 등을 이야기했어요.

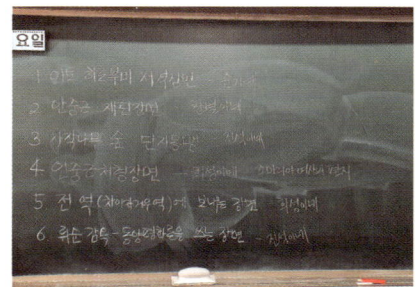 

연극 장면과 인물 분석

> **Tip.**
> 
> • 반별로 연극을 어떻게 나누었나요?
> 
> 　동화의 구조가 인트로(꿈에 만난 할아버지 말씀을 듣고 역사속으로 여행 떠나는 장면)-안중근-유관순-김구와 윤봉길-아웃트로(다시 현실로 복귀) 구조여서, 네 반이 인트로와 아웃트로/안중근/유관순/김구와 윤봉길 장면을 맡았어요.

⑨ 도구 📋 표현 🎨 대본 함께 쓰기

대본은 책 속 인물의 대사를 참고하여 아이들이 작성해요. 저는 구글을 활용하여 협업할 수 있게 틀을 만들어주고, 대사 한 줄마다 필요한 음향, 배경, 소품, 조명 등을 함께 기록할 수 있게 해주었어요.

　대본이 완성되면 제가 전체적으로 점검하여 보충하는데, 이때 지문을 잘 넣었는지 체크해야 해요. 지문이 자세해야 배우팀의 연기가 실감 나거든요.

| 장면1. 과거로 가는 장면~ 이토히로부미 저격 | | | | |
|---|---|---|---|---|
| 이장면에 등장하는 인물: 안중근, 이토히로부미, 러.일군 | | | | |
| 필요한음향: 기차소리, 총소리, 걷는소리 | | | | |
| 배경분위기: 진지하고 떨리는 분위기 | | | | |
| 필요한소품: 총, 코트, 모자, 지팡이 | | | | |
|  | 음향 | 배경 | 소품 | 조명 |
| 만세 : (깜짝 놀란 목소리로) 우와!!! 진짜 과거로 왔어! 저기 사람들 좀 봐, 다 한복을 입고 있어. | | | | |
| 참견 : (신기하다는 듯이) 올~ 이거 실화야? 진짜 신기하네! | | | | |
| 만세 : (지식이를 바라보며) 지식아, 우리 지금 어디로 온거야? | | | | |
| 지식 : (여기저기 둘러보며) 저기 저 사람들 의상을 보니까 지금 여기는 1900년대 초반인 것 같아. | | | | |
| 만세 : 그렇구나, 지식이 너 정말 책을 많이 읽었더니 옷만 봐도 아는구나. 신기하다.<br>(친구들 손을 꼭 잡으며) 그나저나 얘들아. 나 믿고 같이와줘서 너무고마워 | | | | |
| 참견 : (손사레를 치며) 에이~ 무슨 소리야. 당연히 같이 와 줘야지. | | | | |
| 지식 : (만세를 믿음직스럽게 바라보며) 그래,맞아. 너가 가는 길에 우리가 항상 같이 가야지~ 시간 여행을 떠나오니 내가 궁금하던 과거의 모습을 직접 볼 수 있어서 나도 좋아. | | | | |
| 참견 : (손을 눈 위에 올리고 여기 저기 둘러보며) 근데, 여긴 어디지? | | | | |
| 지식 : (손가락으로 딱 소리를 내며) 하얼빈공원 인 것 같애. 책 속에 안중근선생님의 하얼빈 공원 모습이 | | | | |

작품 전반적인 흐름은 함께 잡고, 진짜 대본은 위와 같이 구글 문서로 협업했다. 구글 문서로 협업하여 대본을 쓰니 훨씬 긴밀하게 작업할 수 있었다.

교사가 대사 및 지문을 첨삭한 후에는 전체 대사를 같이 읽으면서 살펴보고 대사별로 어울리는 배경, 소품, 조명에 비어 있는 칸에 넣을 내용은 없는지도 함께 점검해요. 이렇게 하면 내가 맡은 역할이 아니어도 함께 고민하면서 더 넓은 시야로 우리 반 연극의 흐름을 알 수 있어요.

⑩ 표현 확장 연극 준비 및 연습 기간

저는 시간적으로 여유를 두고 차근차근 준비한 연극도 무대에 올려보고, 무대에 서는 날까지 5일 정도밖에 남지 않은 상황에서 촉박하게 준비한 연극도 무대에 올려봤는데요. 각자 장단점이 있습니다. 차근차근 준비하는 연극은 그만큼 꼼꼼하게 준비를 할 수 있지만, 자칫 늘어질 수 있어 속도 조절을 잘하셔야 해요. 이런 경우 괜히 여유 부리면서 마지막까지 대사를 못 외우는 아이가 등장하기도 했거든요. 반면에 촉박하게 준비하는 연극은 모두의 발등에 불이 떨어진 상태이기 때문에 몰입감이 좋고, 모든 과정이 능률적으로 흘러가요. 이 경우에는 약간

교실에서 연기연습 중인 아이들

의 스트레스 상황을 성공 요인으로 활용하는 선생님의 기지가 필요합니다. 만약 이에 실패하면 연극 공연이 엉망으로 될 수 있는 위험 부담이 있죠.

둘 다 '연극 무대'라는 최종 목표를 향한 과정이라는 점을 마음에 품고 간다면 결국 도착한다는 점은 같아요. 하지만 총괄 지휘하는 선생님의 성향에 따라 진행이 조금씩 달라질 수 있어요. 선생님이 철저한 계획형이라면, 기한을 충분히 두고 차근차근 준비해서 예상대로 흘러가는 연극 무대를 꾸미시길 추천합니다. 반면에 갑작스러운 상황도 즐거운 도전으로 받아들이고 이를 해결하며 성취감을 느끼는 선생님이시라면, 아이들을 잘 유도해 모두 함께 도전하는 아름다운 과정을 체험하실 수 있을 거예요.

이제 자기 팀 역할에 맞는 연극 준비 및 대본 연습에 돌입할 시간이에요. 각 팀의 역할 및 전체 총괄로서 교사인 제가 지도했던 내용은 다음과 같습니다.

### ◆ 연극 지도 타임라인

| D-20 | D-20~15 | D-15~12 | D-12~10 | D-10~5 | D-5~1 | D-day |
|---|---|---|---|---|---|---|
| □ 프로젝트 시작<br>□ 온작품읽기 | □ 작품 깊이 읽기<br>□ 작품 분석하기 | □ 대본 쓰기 | □ 팀 정하기 | 연극 준비하기<br>□ 각 팀별 연습 | □ 실전 연습 | 공연 |

대본을 쓴 뒤 팀을 정하고 본격적인 총연습에 들어가기 전까지는 프로젝트의 연극 준비하기 단계에 해당합니다.

먼저 배우팀은 자리에 앉아 대본 리딩을 하며 대본을 외웁니다. 내 대사의 앞뒤 순서는 누구인지, 전체적인 흐름을 보며 외울 수 있게 합니다. 대사가 익숙해지면 책상을 모두 치우고 교실에 넓은 공간을 만든 후, 교실 중앙이 무대라고 생각하고 관객의 위치를 설정합니다. 나아가 소품 및 동선까지 고려하여 연기를 연습합니다.

이와 동시에 음향팀은 음향을 넣은 무대 배경 PPT를 완성하고, 소품팀은 장면별 소품을 제작합니다. 홍보팀은 배우들이 연기 연습을 하는 동안은 조명 역할을 연습하고, 잠깐 빠져도 될 때는 홍보 포스터를 제작하도록 합니다. 이때 배우들의 대사 암기 및 동선 구성, 소품 및 배경 제작과 같은 모든 과정이 거의 동시에 완성되도록 조율합니다.

대사 암기, 소품 및 배경 제작이 모두 완료되면 이제는 한 단계 나아가 장면 전환, 음향 재생, 소품 투입 등과 함께 전체 연극을 반복하여 연습합니다. 흐름을 따라가며 착착 진행되어야 하므로 가능한 중간에 끊지 않고 자동적으로 다음 대사 및 준비가 이뤄질 수 있도록 합니다. 대사, 동선, 배경, 음향, 조명이 유기적으로 함께 가도록 지도해야 하며, 연극 당일에는 긴장되어 실수하기 쉬우므로 '연습이 아니라 실전이라는 생각'으로 임해야 한다고 지속적으로 강조합니다.

연극 3~5일 전부터는 공연장으로 장소를 옮겨 전체 극을 실전 무대에서 연습합니다. 배우들은 좁은 교실과 달리 더욱 넓은 공연장(학교의 경우 보통, 강당이나 시청각실)에서 더욱 큰 동선으로 움직이며 과감

배경음향 제작 중인 음향팀

강당 리허설. 실제 조명 아래에서 리허설하면 아이들은 더 깊게 몰입한다.

하게 표현하도록 하고, 음향팀과 조명팀은 교실에서와 다른 기기를 사용해야 한다면 새로운 기기에 익숙해지도록 합니다. 무대 배경 PPT는 여분의 USB나 공연장 컴퓨터에도 옮겨두어 당일 공연 일정에 차질이 없도록 준비합니다.

실전 연습 단계에서는 '입장, 시작 인사, 공연, 마무리 인사, 퇴장'까지의 전체 과정을 연습합니다. 이때, 공연 소개나 마지막 인사, 입퇴장 구호 등은 총연출이 맡습니다.

장비를 대여한 경우 공연 날 아침에 총 리허설을 해보는 것이 일반적이고, 장비 대여 없이 학교 마이크나 조명으로 공연 무대를 한다면 학교의 장비에 익숙해질 수 있도록 학교 장비를 사용하는 연습 기간을 늘려야 합니다.

### Tip.

- **다른 수업 때문에 연극 수업을 할 시간이 없으면 어떻게 하나요?**

    연극 준비 기간에는 적어도 하루에 한 시간이라도 연극연습을 하는 것이 좋아요. 배우팀의 자연스러운 대사와 동선 이동, 그에 따른 소품 및 배경, 조명도 잊지 않도록요. 하루 쉬면 아이들이 많은 세부 사항을 잊습니다.

- **연극 공연에 관객을 초대해야 할까요?**

    관객 앞에서 무대를 해보는 경험은 아이들의 마음을 크게 성장시킵니다. 정성스럽게 준비한 공연이니 관객을 초대해보세요. 학기 초 연극 프로젝트 일정과 공연 날짜가 정해지면 타 학년 선생님께 관객으로 와주십사 부탁해보세요. 전문인들의 연극만큼이나 우리 학교 선후배의 연극 관람도 의미가 있습니다. 후배들은 장차 이런 무대를 할 거라는 생각에 무척 진지한 태도로 관람하고, 선배들은 성숙한 태도로 격려하며 관람해요. 학부모님을 초대하면 자녀의 학교생활 및 배움을 함께 볼 수 있는 그야말로 살아 있는 학부모 공개 수업이 이뤄질 수 있습니다. 대부분 실수도 넉넉히 이해해주니 걱정하지 마시고, 누구든 초대해 격려와 박수로 아름다운 시간을 가져보세요.

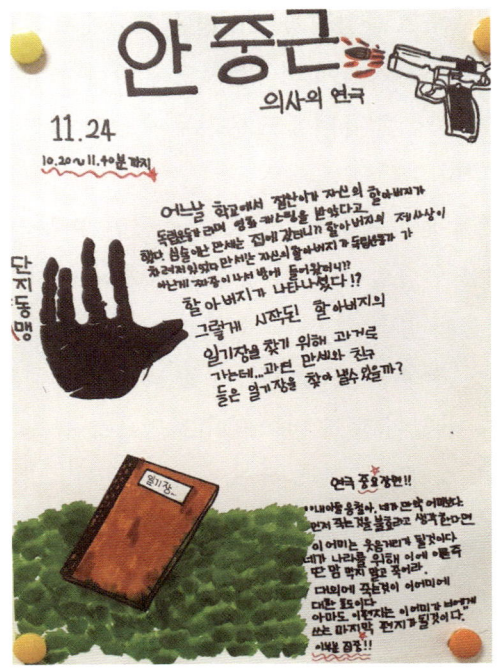

연극 포스터

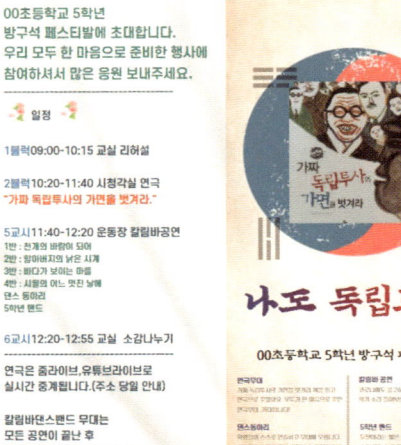

연극 초대장

### ⑪ 확장 ☼ 공연

공연 날 아침은 매우 분주해요. 완성도가 높은 공연을 위해 업체의 장비를 대여하면 신경쓸 게 많아져 더 분주합니다. 하지만 장비를 설치하고 공연했을 때 훨씬 완성도가 높기에 저는 예산이 허락하는 한 업체에 의뢰합니다. 함께 준비한 연극을 무대에 올리는 것은 쉽게 할 수 없는 경험이고, 연말에 우리 반 올해의 사건 'Best 10'을 뽑으면 거의 1, 2위에 연극이 나올 정도로 아이들에게는 소중한 경험이자 추억이기 때문이에요.

보통 연극 날 무대 일정은 7시~9시 장비 설치, 9시~10시 30분 최종 리허설, 11시~12시 공연으로 진행됩니다. 믹서, 핀마이크, 조명 등 장비를 대여했는데, 음향 감독님과 보조 스태프분이 오셔서 리허설과 공연까지 진행해주셨어요. 장비는 날짜 수로 대여비를 책정하기에 공연 날 아침 일찍 설치합니다. 대여 업체에 미리 완성된 대본과 배경 PPT를 전달하는데, 대본에는 전체 배우가 몇 명인지, 장면마다 등장하는 배우는 누구인지 등을 상세히 적어야 합니다. 업체에서 배우의 인원에 맞춰 마이크를 준비하고, 막이 바뀔 때 몇 번 마이크를 어느 역할이 착용할지 계획할 수 있게요.

공연장으로 이동해 최종 리허설을 시작하면 아이들이 한결 결연해집니다. 자기 숨소리까지 커다란 스피커를 통해 송출되는 것을 알고 놀라는 거죠. 그 마음도 잠시, 공연 시간이 다가오고 모두 자기 자리에 위치하여 관객을 기다립니다. 무대 뒤, 준비실에서는 의상을 입고 소품을 착장한 배우들과 소품팀이 대기합니다. 음향팀은 노트북과 음향 기기 앞에 앉고 조명팀은 조명 뒤 가장 어두운 곳에 자리 잡아요. 곧 관객이 들이닥치고 이제는 정말 실전이에요. 이때의 아이들 얼굴은 프로처럼 바뀌어요. 연극 프로젝트에서 저는 총괄 역할을 하지만, 물밑에서 도와줄 뿐 드러나지 않게 노력합니다. 교사가 보조 역할로 한발 물러서고 모든 역할의 책임자가 아이들 자신이 되어야, 아이들이 진짜로 연극이 '내 것'이고 '내가 할 일'이라고 생각하고 발로 뛰거든요. 공연 날에는 저도 아이들만큼이나 초조한 마음이지만 마치 하나도 떨리지 않는 것처럼, 잘할 수 있다고 느긋하게 말해줘요. 떨리는 마음을 부여잡고 크게 응원하면서요.

막이 오르면 암전과 대사가 반복되며 장면 전환이 이뤄지고, 아이들의 목소리와 음향이 장내를 가득 채웁니다. 소소한 실수와 약간 어색한 연기에도 분위기는 숙연합니다. 관객들 모두 공연을 올리기까지 뒤에서 어떤 노력을 했을지 알고 있기 때문입니다. 오래 준비한 연극이지만 공연은 10여분 만에 모두 끝났습니다. 엔딩 곡이 울려 퍼지고 아이들 이름이 자막으로 올라가면 한 줄로 늘어선 아이들이 꼭 맞잡은 손을 위로 번쩍 들었다가 내리면서 인사해요. 관객들은 우렁찬 박수를 보내고, 우리는 서로를 격려해요. 이렇게 함께 달려온 또 하나의 레이스가 끝나요.

⑫ 확장 ☀ 배움 점검 & 성찰 노트

연극이 끝나고 공연장 정리 후, 교실에 돌아와 소감 나누기 시간을 가져 이 순간의 생생한 마음을 실시간으로 공유해요. 그리고, 성찰 노트를 쓰고 자기 평가를 해요. 연극은 다른 프로젝트보다 대체로 자기 평가 점수가 후한 편인데, 아이들이 얼마나 열심히 했는지 알 수 있는 부분이에요.

◆ 배움 점검

| 프로젝트 마무리 – 이런 것을 배웠어요 | | | | |
|---|---|---|---|---|
| | 스스로 점수 매기기 | 3 | 2 | 1 |
| 배움 내용 | 『가짜 독립투사의 가면을 벗겨라』 책 읽기 | | | |
| | 사회 교과 열심히 배우고 정리하기 | | | |
| | 독후활동 운동장 책거리 행사에 진지하게 참여하기 | | | |
| | 연극 준비와 공연에서 내가 맡은 역할 성실히 수행하기 | | | |
| | 성실하고 즐거운 태도로 온작품과 연극 프로젝트에 참여하기 | | | |
| | 합계 | | | |

◆ 연극이 끝난 후 아이들이 남긴 소감

Q. 연극을 하면서 좋았던 점이 뭐예요?

- 반 친구들이랑 시간 내서 함께하니까 마지막에 연극 끝나고 나서 뿌듯했어요.
- 연극을 하면서 좀 배운 것 같아요. 우리가 몰랐던 독립투사가 있었다는 것을 배웠고, 책을 다 함께 읽은 것도 좋았어요.

Q. 연극에서 잘했다고 생각하는 친구는 누구예요?

- 음……. 모두 다 잘했죠! 그래서 딱히 누구 한 명만 콕 집어서 잘했다고 할 수는 없을 것 같아요.

마지막 말을 남긴 아이는 안중근 역할을 맡아 하루 만에 대사를 다 외우고, 공연 당일에도 실수 하나 없이 누가 보기에도 멋진 열연을 펼쳤어요. 짓궂은 어른의 질문에도 저렇게 의젓한 소감을 남기는 아이의 모습을 보면서 또 한 뼘 자랐다는 것을 알 수 있었어요.

⑬ **확장** ☼ **평가 통지**

프로젝트 내용을 반영하여 생활기록부에 다음과 같이 입력하고 통지하며 프로젝트를 마쳤습니다.

| | |
|---|---|
| 『가짜 독립투사의 가면을 벗겨라』 책을 함께 읽을 때 선생님이 읽어주시는 책 내용에 특히 몰입하며 듣고, 쉬는 시간에 도서관에서 관련 역사 도서를 대출하여 읽고 역사에 대해 더 깊이 이해함. 후속 활동인 책거리 행사 중 무명이 독립투사 코너에 특히 흥미를 가지고 참여함. 연극에서 주인공 역할을 맡아 특히 대사 분량이 상당히 많았음에도 불구하고 완벽하게 외워 실수 없이 무대를 소화하였으며 대사에 어울리는 어투와 신체 표현으로 관객으로 하여금 몰입하게 함. 애쓰고 노력한 성과에 대해 모두에게 응원이, 메시지를 보내어 감동을 줌. | 『가짜 독립투사의 가면을 벗겨라』 책을 온작품으로 읽고 오동립 아버지와 같은 무명의 독립투사분들에게 특히 감사함을 느낌. 독립투사분들의 삶을 통해 나를 위해서가 아니라 모두를 위해서 사는 삶에 대해 생각해보고 앞으로 어떻게 살아야 할지 삶의 태도에 대해 깊이 고민함. 연극에서 조명팀을 맡아 자신의 역할을 성실히 수행하고 연극이 잘 이루어질 수 있게 최선을 다하였고, 공연 기획과 관련된 책을 찾아 흥미롭게 탐독함. |

# 오월의 달리기

## 6학년 사례

◆ 프로젝트 개요

| 주제명 | 5.18의 의의를 알고 민주시민 정신을 길러 연극으로 표현하기 | | |
|---|---|---|---|
| 추천 시기 | 1학기, 사회 진도에 맞추어 | 관련 교과: 국어, 사회, 음악, 미술, 창체 | 차시: 46 |
| 역량 | 창의적 사고 역량, 심미적 감성 역량, 협력적 소통 역량, 공동체 역량 | | |
| 재구성 이유 | 6학년 사회 교과 1단원은 '우리나라의 정치 발전'으로 4.19 혁명과 5.18 민주화 운동으로 시작한다. 우리나라 민주정치 발전의 커다란 전환점이자 역사적으로도 비중이 높은 두 가지 중요한 사건은 학기 초 어수선한 분위기 속에 후루룩 지나가버리기 쉽다. 지금은 당연하게 여겨지는 자유와 평등이지만, 그것들이 민주주의를 향한 선조들의 투쟁을 통해 얻어진 것임을 간접적으로나마 깨닫게 해주고자 연극 수업을 기획하였다.<br>막막하고 어려운 사회적 분위기에도 불구하고 묵묵히 민주항쟁의 길을 걸어준 5.18 희생자들의 삶을 기리는 것은 물론, 민주 시민으로서 내가 기여할 수 있는 바를 생각해보는 기회가 되길 바란다. | | |

#  교사 교육과정 설계

### ① 교육과정 맥락 잡기 (Why & How)
◆ 연극 프로젝트의 전체 흐름 및 구성 요소

| 취지 | 협업 과정을 통해 자존감과 협동 의식 함양 |

책 함께 읽기     연극 준비     연극 공연     성찰하기

키워드 | 5.18 민주화 운동

**국어**
- 독서 단원
- 책을 읽고 생각을 넓혀요
- 연극 단원

**사회**
- 일제의 침략 및 광복을 위한 노력

**미술**
- 무대 위 이야기

**음악**
- 하나 되는 음악 축제

6학년 연극도 사회 교과에서 주제를 찾아 5월 민주항쟁, 5.18로 정했어요. 『오월의 달리기』(김해원 글, 홍정선 그림, 푸른숲주니어, 2013)를 처음 읽었을 때, 영화 〈택시 운전사〉와 함께 다루면서 온작품읽기를 하면 좋겠다고 생각해둔 것이 도움이 되었어요. 평소 영화나 책을 보면서 어울릴 만한 교육과정을 생각해두면 도움이 됩니다. 저는 〈택시 운전사〉를 활용했지만, 최근에는 5.18을 소재로 한 또 다른 영화들이 개봉했으니 최근 작품을 참고해도 좋겠습니다.

| 주제 및 취지 | | [연극] 5.18의 의의를 알고 민주 시민정신을 길러 연극으로 표현하기 |
|---|---|---|
| 씨앗 | 사회 | • 5.18 민주화 운동 |
| 도구 | 국어 | • 독서 단원, 문학 단원<br>　- 온작품을 함께 읽고 작품을 깊이 이해하기<br>• 연극 단원<br>　- 함께 읽은 작품을 연극으로 각색하여 역할을 나누어 연극 준비하고 공연하기 |
| 표현 | 음악 | • 연극 단원<br>　- 학교 행사에 모두 함께 배경음악, 영상 제작 |
| | 미술 | • 인물 소개 카드 만들기<br>• 온작품 읽은 후, 인물관계도와 인물 카드 제작 |
| 확장 | 창체 | • 연극 공연<br>　- 연극 무대 올리기<br>　- 관객 초대하기 |

② 세부 계획 세우기

시의성에 맞게 5월 18일에 공연을 올리기로 했어요. 그렇게 푸르른 5월, 『오월의 달리기』 온작품+연극 프로젝트를 시작했어요. 교육과정상 5월 3일에 시작해서 18일에 무대에 올려야 하는 촉박한 일정이었는데요. 기간이 짧은 만큼 그동안은 연극에 몰두하여 집중력 있게 진행했어요.

> **Tip.**
> • 프로젝트 마무리 캠페인이나 공연을 특별한 날짜에 하고 싶어요!
>   스쿨마스터나 이지에듀 등 교육과정 입력 프로그램에 진도를 입력하면 프로젝트 한 덩어리가 언제 시작하고 끝나는지 나옵니다. 교육과정 전체를 묶고 원하는 날짜에 맞추어 시기를 조정하세요. 그 후에 프로젝트 시작 날짜를 확인하면 됩니다.

## ◆ 프로젝트 내내 교사의 북극성이 되어주는 탐구 주제

| 탐구 주제 | ▪ 문학작품을 즐겁게 감상하는가?<br>▪ 5.18 민주화 운동의 의의를 이해하고 그 시대를 살았던 평범한 시민들의 삶을 느낄 수 있는가?<br>▪ 작품을 감상하고 경험한 역사로 배운 점을 현재의 삶과 연관 지을 수 있는가?<br>▪ 작품을 감상하고 다양한 매체를 통한 역사 지식에 관심을 보이는가?<br>▪ 마음에 와닿는 작품을 인물의 캐릭터를 살려 연기할 수 있는가?<br>▪ 종합예술 연극을 표현하기 위하여 모두가 맡은 역할이 조화를 이뤄야 한다는 것을 알고 자신의 역할을 스스로 수행하려는 태도를 보이는가? |
|---|---|

## ◆ 전체 프로젝트의 밑그림이 되어줄 설정들, GRASPS, 수행 과제, 평가 준거

| 수행 과제 | ▪ GRASPS<br>K-콘텐츠의 주인공, 연극배우(R)가 된 당신. 5.18 민주화 운동을 기념하는 5.18 연극제(S)에 참여할 당신을 위한 시나리오가 도착했습니다. 우리 친구들은 모두 함께 그 시나리오를 읽고 극본(P)으로 각색하여 관객(A) 앞에서 연극을 합니다(G). 종합 예술인 연극 공연에서 자신의 역할을 잘 수행(S1)하고, 작품에서 느낀 감상을 전합니다(S2).<br><br>▪ 수행 과제 1. 재미와 감동을 느끼며 작품을 감상하고, 인물의 몸짓, 말투, 표정을 생각하며 연기하기<br>▪ 수행 과제 2. 5.18을 주제로 한 작품을 감상하기<br>▪ 수행 과제 3. 연극 시나리오 각색, 홍보팀, 배우팀, 연출팀 등의 활동을 통하여 연극 준비하기<br>▪ 수행 과제 4. 연극 무대에서 연기하기<br>▪ 수행 과제 5. 서로의 관객이 되어 서로를 평가하기(자기 평가, 동료 평가)<br><br>▪ 평가 준거 1. 즐겁게 문학작품을 감상하는가?<br>▪ 평가 준거 2. 5.18 민주화 항쟁 및 독립운동의 의의를 설명할 수 있는가?<br>▪ 평가 준거 3. 무대에서 인물의 성격을 살려 연기할 수 있는가? |
|---|---|

*GRASPS: Goal 목표 Role 역할 Audience 청중 Situation 상황 Product 산출물 Standards 준거

## ◆ 프로젝트 전체 흐름

| 차시 | 교과 | 단원 | 흐름 | 학습지 | 평가 |
|---|---|---|---|---|---|
| 1~2 | 국어 | 독서 | • 프로젝트 소개하기<br>• 책 소개하기<br>• 책 놀이: 책 표지, 삽화, 목차로 내용 예측하기 | ☑ | |
| 3~5 | 사회 | 3. 우리나라의 정치 발전 | • 영화 〈택시 운전사〉 감상하기 | | |
| 6~7 | | | • 영화 〈택시 운전사〉 소감 나누기 | ☑ | |
| 8~14 | 국어 | 독서 | • 챕터별 질문 만들기로 내용 정리하며 책 함께 읽기<br>  (2 챕터당 1차시)<br>• 책 깊이 읽기 | ☑ | ☑ |
| 15~18 | 국어 | 8. 인물의 삶을 찾아서 | • 내 마음에 와닿은 한 인물을 골라 그 인물이 추구하는 삶의 가치 정리하기<br>• 인물 관계도 그리기 | | |
| 19~20 | 미술 | 1-2. 어떻게 관찰하고 그릴까 | • 인물 소개 카드 만들기 | ☑ | |
| 21~22 | 국어 | 8. 인물의 삶을 찾아서 | • 전체 내용 간추리기<br>• 챕터별 중심 내용을 연결하여 내용 간추리기 | ☑ | |
| 23~24 | | | • 책 추천사 쓰기 – 인터넷 서점에 서평 올리기 | | ☑ |
| 25~26 | | | • 내 마음의 한 장면 선정하여 장면 그리고, 어울리는 음악 찾기 | | |
| 27~31 | 국어 | 연극 | • 우리 반 연극의 장면 선정하고 대본 작성하기 | | ☑ |
| 32~40 | 음악<br>국어<br>미술 | 4. 음악으로 행복하게<br>연극<br>2-1. 널리 알리는 디자인 | • 모든 역할을 조금씩 나눠 맡아보며 자신의 적성 찾기<br>  - 총연출<br>  - 배우팀<br>  - 소품팀: 연극 장면별 소품 만들기<br>  - 홍보팀: 연극 안내 포스터, 책자 만들기<br>  - 음향팀: 연극 배경 음향과 사진 넣어 PPT 만들기<br>  - 조명팀: 조명기기 다루기<br>• 각자 자기 맡은 역할 준비하기 | | ☑ |
| 41~44 | 창체 | 3. 학교 행사에 모두 함께 | • 연극 공연하기 | | |
| 45 | 창체 | 봉사활동 | • 연극 공연장 정리하기 | | |
| 46 | 창체 | 자치-친구 사랑 | • 연극 공연 후 소감 쓰기, 성찰 노트 정리하기 | | ☑ |

## 2 연극 프로젝트 A to Z
### 프로젝트 전체 흐름 따라 수업 엿보기

### ① 첫날

> 안녕! 햇살초 6학년 친구들! 즐거운 학교생활 하고 있나요?
>
> 그렇다면, 이제부터 6학년 생활이 조금 더 즐거워질 거예요. 온작품과 연극 프로젝트를 시작할 거거든요. 우리는 오늘부터 다 함께 『오월의 달리기』 문학작품을 읽고, 극단의 일원이 되어 연극을 무대에 올릴 거예요.
>
> 5.18은 우리나라의 민주주의 발전을 이야기하면 빼놓을 수 없는 중요한 사건입니다. 많은 시민이 이유 없이 죽어 나갔고, 당시 광주에 살던 사람들은 큰 상처를 입었어요. 더욱이, 가족을 잃어버린 사람들은 아직도 상실감으로 힘들게 살고 있고요. 5.18은 오늘 우리의 삶과 닿아 있는 그야말로 살아 있는 역사입니다.
>
> 우리는 1980년 광주로 떠나 『오월의 달리기』를 함께 읽으며 사회 시간에 배웠던 5.18을 직접 겪은 초등학생은 어떤 마음이었을지 느껴볼 거예요. 그리고 1980년 5월 18일 광주에서 벌어진 사건을 생각하고 민주 정신을 살리기 위해 애쓰다 돌아가신 분들의 넋을 기리며, '오월의 달리기' 연극을 할 예정입니다.
>
> 연극을 위해 무대에 올라가는 것이 너무 부끄럽다고요? 걱정하지 마세요. 연극은 종합예술이에요. 배우 말고도 보이지 않는 곳에서 애쓰는 많은 역할이 모여 완전체를 만드는 예술이거든요. 소품 제작이나 음향, 홍보 등 다양한 역할이 있으니 자기 적성에 맞게 지원해보세요.
>
> 그럼, 극단 '햇살예술단'의 일원이 될 준비가 되었나요?
>
> 여러분 안의 끼를 마음껏 발산해, 극단의 일원으로서 멋진 활약을 펼치길 기대할게요!
>
> -10월 28일, 동립이가.

② 씨앗 💡 영화 〈택시 운전사〉 감상하고 감상평 쓰기

사회 시간에 5.18 사건에 대해 배웠지요? 전두환은 광주 고립 사태를 언론에 보도하지 않도록 언론을 통제했기 때문에 광주 밖에 있는 사람들은 그 안에서 무슨 일이 벌어지는지 알 수 없었어요. 하지만, 독일인 기자 '위르겐 힌츠페터'라는 분이 죽음의 위험을 무릅쓰고 광주에 들어가 촬영하고 이를 세계에 알림으로써 사태가 진정될 수 있었어요.

힌츠페터 씨는 돌아가실 때까지 한 사람을 찾으시다가 결국 못 만나고 2016년에 돌아가셨어요. 힌츠페터 기자님이 만나고 싶던 분은 광주에 함께 들어가서 그 과정을 같이 겪고, 극적으로 탈출했던 택시 운전사 '김사복' 씨였는데요. 김사복 씨는 어찌 된 영문인지 아무리 수소문해도 나서지 않았어요. 이 역사적인 사건을 다룬 영화가 있습니다. 바로 〈택시 운전사〉인데요. 먼저 영화를 감상하고, 5.18 현장을 느껴보고 나서 책을 읽도록 할게요.

택시 운전사 영화 감상은 5.18에 대한 깊은 이해뿐만 아니라, 사투리를 익히는 데에도 큰 도움이 되었어요. 수도권에서 나고 자란 아이들이 대부분인 반 아이들이 연극 무대에서 과연 사투리를 잘 소화할지가 관건이었거든요. 극 중 배우의 연기를 여러 번 돌려 보면서 억양, 강세, 리듬을 익혔어요.

영화 감상 후에는 별점과 함께 감상평을 작성했어요. 친구들과 전체 돌려 읽고 감상평에 한 줄 논평 달기를 할 것이라고 예고함으로써 대충 쓰지 않도록 주의를 주었어요.

> 　민주주의를 되찾기 위해 희생까지 해가며 노력하는 모습이 멋져 보이기도, 안타깝기도 했다. 많은 인파 속에서 세계에 소식을 전한다 하니까 너도나도 할 것 없이 웃으며 길을 비켜주고 들고 있던 주먹밥도 나눠주는 모습을 보니 광주에 계셨던 분들이 얼마나 간절했는지를 느껴볼 수 있었다. 만약 내가 거기에 있었다면 아무것도 하지 못했을 텐데 말이다. 목숨 걸고 길거리에 나가 한목소리로 목이 터져라 소리치는 모습이 뭉클하면서도 마음 한편 어딘가가 먹먹해지기도 했다. 특히 마지막까지 영어로 나는 괜찮다며 어서 가서 이 사건을 세상에 알려달라고 말하는 부분이 가장 인상적이었다. 민주주의를 위해, 전두환의 독재 정치를 막기 위해 힘쓰셨던 모든 희생자분들과 광주에 계신 분들께 감사하다고 인사드리고 싶다.

학생이 쓴 영화 〈택시 운전사〉 감상평

③ **씨앗** 💡 **도구** 📖 『오월의 달리기』 읽은 후, 내용 간추리고 서평 쓰기

　책은 이번에도 제가 전체를 읽어주었어요. 하지만 『오월의 달리기』는 다른 온책 읽기와 달리 특별히 주의를 기울인 부분이 있는데, 바로 '사투리'였어요. 온작품읽기 낭독을 할 때마다 으레 그래왔듯 120퍼센트 정도 과장해서 책을 읽어주는 것에 더해, 특히 대사 부분은 연극에서 실감 나게 연기하길 바라는 마음에서 구수한 전라도 사투리를 살려 읽으려고 노력했어요.

　창작 동화에서 지방색을 띠고 있는 경우는 무척 드물어요. 그런데 이렇게 대부분의 대사가 사투리로 이루어진 동화라니! 이 작품을 선정한 데에는 사투리도 큰 몫을 했는데요. 오월의 민주 정신을 배우는 것만큼이나 사투리를 경험하는 것도 특별한 의미가 있을 것 같았어요. 책을 읽기 전 영화 〈택시 운전사〉를 봤기 때문에 조금 더 생생하게 읽을 수 있었습니다.

| | |
|---|---|
| 발단 | 한 남자가 시계방을 찾아가 회중시계를 주인에게 건네고 이 회중시계가 바탕이 되어 명수의 이야기가 시작된다. 명수는 나주 대표로 뽑혀 다크호스를 만나고 정태와 자꾸 다퉈 사이가 좋지 않다. |
| 전개 | 합숙소에서 훈련을 하던 어느 날, 명수는 시장에서 본 아버지를 외면한다. 만화방에 가고 싶던 아이들은 진규 누나의 도움으로 합숙소를 벗어났지만, 길거리에 깔린 군인들의 공포 분위기 속에 만화방이 아닌 광주 공원으로 가게 된다. |
| 절정 | 명수는 광주 공원에서 데모하는 대학생들을 만나고 폭력을 휘두르는 군인들을 피해 겨우 합숙소에 도착한다. 공수부대 경계가 더욱 심해지자, 정태와 진규는 집으로 돌아가고 합숙소에는 남은 명수는 집에 있는 가족들을 그리워한다. 아버지 친구가 합숙소에 찾아와 전해준 아버지의 사망 소식을 듣고, 명수는 이 소식을 가족들에게 전하기 위해 합숙소를 나선다. |
| 결말 | 다시 만난 친구들의 도움을 받아 집으로 가는 도중 만난 군인! 하지만 군인의 도움을 받아 명수는 무사히 살아남는다. |

아이들이 간추린 사건의 중심 내용

**Tip.**

• **5.18을 다루기에 적합한 다른 작품은 없나요?**

어린이들의 시선으로 5.18 민주화 운동의 현장을 경험할 수 있는 『오월의 어린 시민군』(양인자 글, 홍연시 그림, 위즈덤하우스, 2021), 주인공 민국이가 자전거를 찾는 과정에서 5.18의 아픔에 갇힌 삼촌을 만날 수 있는 『열두 살 삼촌』(황규섭 글, 오승민 그림, 도토리숲, 2017), 시민군을 응원하던 주먹밥 이야기를 담은 그림책 『오월의 주먹밥』(정란희 글, 김주경 그림, 한울림어린이, 2022) 등이 있습니다.

④ 표현 ❖ 인물 관계도와 인물 소개 카드로 작품 깊이 이해하기

인물 관계도는 등장인물의 성격 분석과 서로의 관계를 촘촘히 표현하여 작품을 입체적으로 이해할 수 있게 도와주어요. 혼자서는 어려운 활동이므로 모둠이 함께하면서 자연스럽게 의견 교환을 통해 서로 배

인물 관계도로 작품 깊이 이해하기

우고 익히도록 하면 좋아요.

  인물 카드는 손바닥 정도의 크기로 자른 종이에 인물의 성격과 특징을 적어 만들었어요. 인물 카드를 활용하여 '이건 누구일까요?' 퀴즈를 내고 아이들이 맞히도록 하니 즉석에서 훌륭한 보드게임이 하나 탄생했어요.

## ⑤ 도구 📋 질문으로 깊이 읽기 - 둘 남고 둘 가기

둘 남고 둘 가기 게임 방법은 다음과 같아요.

1. 네 명으로 팀을 구성해, 작품을 더욱 깊이 이해할 수 있는 질문과 답을 함께 만든다.
2. 팀을 다시 둘로 나누어 A팀 두 명은 질문 역할을 B팀 둘은 대답 역할을 맡는다.
3. 책상을 'ㄷ' 자로 구성한 뒤 질문팀이 바깥쪽에 앉도록 배치한다.
4. 대답팀은 시계 방향으로 돌면서 질문팀이 제출하는 문제의 답을 포스트잇에 적어 맞힌다. 정해진 시간마다 알람이 울리도록 타이머를 설정한다.
5. 정답 포스트잇은 학습지에 붙인다. 사자 갈기를 더 많이 모은 팀이 승리한다.

질문으로 깊이 읽기 학습지 예시

⑥ 도구 📋 연극의 이론적 이해

연극 관련 학습지를 통해 기본적인 이해의 과정을 거쳐보아요.

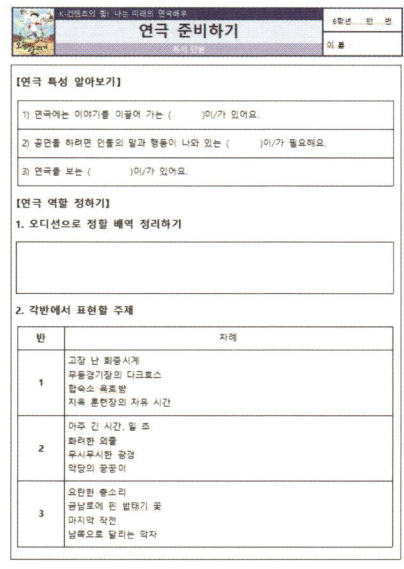
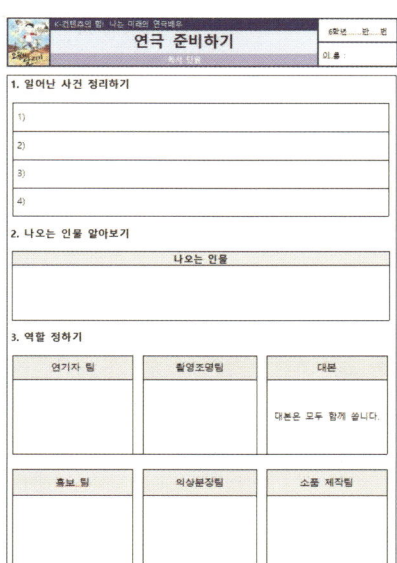

⑦ 도구 📖 장면 분석하기

도서의 차례나 내용을 참고하여 주요 장면을 추출하고, 각 장면의 등장인물과 인물의 성격도 다시 한번 짚어요. 이렇게 적어보면 대략 배우가 몇 명이 필요한지 예측할 수 있어요. 학급 인원보다 역할의 수가 많다면 1인 2역을 해도 무방해요. 이런 경우, 관객의 이해를 돕기 위해 역할별로 포인트 의상이나 소품을 활용해보세요.

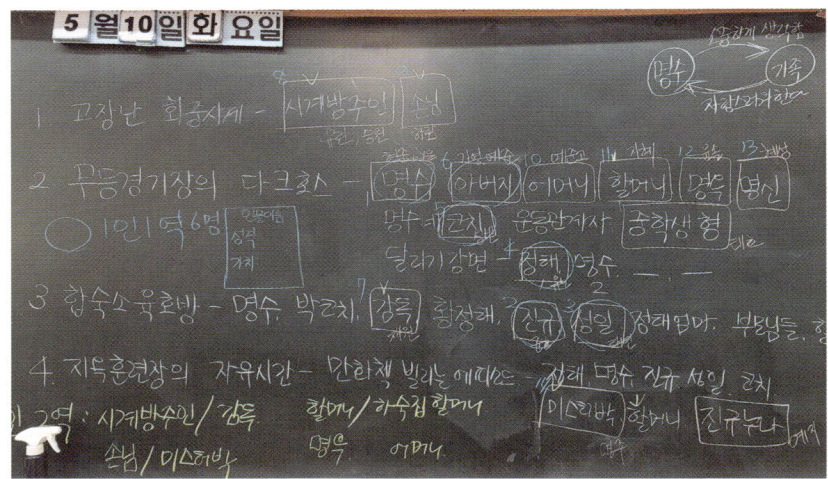

아이들이 구성한 연극 장면

⑧ 표현 💠 확장 ☼ 팀별 역할 수행하기

소품팀

음향, 조명팀

교실에서 연습 중인 배우팀

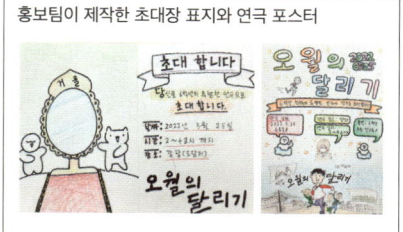
홍보팀이 제작한 초대장 표지와 연극 포스터

### ⑨ 확장 ☼ 다른 학년 초대하기

이번 연극 초대장 디자인은 홍보팀이 했는데, 그림이 멋져서 A4 도화지에 컬러 복사한 후 뒷면에 내용을 썼어요. 이때 단순히 '초대합니다'와 같은 메시지가 아닌, 작품 설명, 연극을 준비해 온 과정, 자신이 공연을 위해 수행한 역할을 포함해 연극 줄거리, 등장인물 설명 등을 적도록 했어요.

초대장에는 공연 직전 가장 들뜨고 설레고 떨리고 긴장되는 마음이 그대로 담기는 데다가 후배들에게 하는 설명이라서 내용도 상세합니다. 그래서 저는 이 초대장의 내용도 과정 중심 평가에 참고해요. 어떤 학습지보다도 연극 전체 과정에 임했던 태도나 작품을 바라보는 관점 등이 잘 드러나는 글이거든요.

> **Tip.**
>
> • **초대장은 단체가 아니라 개인에게 보내면 좋아요!**
>
> 초대한 학년에 요록을 부탁해, 우리 반 1번이 초대한 반 1번에게 초대장을 쓰도록 했어요. 후배들은 자신을 콕 짚어 이름까지 써서 보내준 선배의 초대장에 놀라고, 고마운 마음으로 참석해 진지하게 관람해요.

⑩ **확장** ☼ 연극 공연하기

언제나 떨리는 연극 공연의 날입니다. 이번 연극도 앞의 『가짜 독립투사의 가면을 벗겨라』와 마찬가지로 업체에서 장비를 빌려 완성도를 높였어요.

이번 공연은 4학년 후배를 관객으로 초대했어요. 하지만 온작품 선정 때부터 연극 공연이 시작될 때까지도 걱정되던 점이 두 가지 있었어요. 그 첫째는 '과연 이 이야기와 연극을 4학년이 이해할까?' 하는 고민이었어요. 5.18은 전혀 모르는 두 학년 아래의 후배들이 보기에 어렵지는 않을까 걱정되었죠. 『오월의 달리기』 한 권 분량의 연극을 1/3씩 세 반이 나누어 공연하는 터라, 주인공 명수 역할을 하는 배우도 세 명이었어요. 내용도 내용이지만 세 반이 릴레이로 공연하는 흐름을 따라올까도 문제였어요. 담임들의 협의 끝에 배우들은 가슴에 명찰을 달거나 따로 표시하지 않기로 했거든요. 그런 장치가 극에 몰입하는 것을 방해할 것 같아서였어요. 또 하나의 걱정은 '군인에게 구타당하는 장면을 4학년 아이들이 어떻게 받아들일까?' 하는 것이었어요. 혹시라도 너무 충격적이면 안 되니까요. 하지만 이야기는

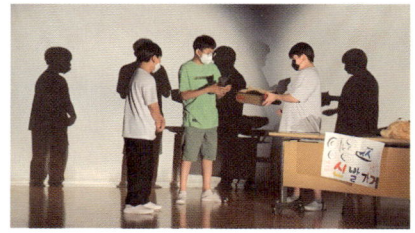

공연 중인 아이들

5.18 사건을 겪는 한 어린이의 삶에 초점이 맞춰져 있기에 이야기 속에서 그 시대를 살았던 인물을 통해 역사를 제대로 감상하기 적합하다는 결론을 내리고 진행했어요.

행여나 아이들이 실수하지는 않을지, 관객들이 잘 이해하며 집중해 관람할 수 있을지 조마조마한 마음으로 살펴봤어요. 다행히 연극이 끝나고 그 모든 걱정이 쑥 내려갔어요. 아무래도 초대장을 통해 선배들의 진심을 전해 받았기 때문인지 4학년 후배들은 극의 시작부터 끝까지 집중해서 관람했어요. 한 남자아이는 마지막 엔딩 음악이 올라갈 때 방석을 들고 일어서며 이렇게 말하기도 했어요. "우와, 그러면 저 사람이 명수야?" 옆 친구에게 속삭이는 말이었지만, 제 귀에 꽂혔죠. 세월이 흘러 과거를 회상하는 글의 구조상 전체를 이해하지 못했으면 할 수 없는 질문이었어요.

### ⑪ 확장 ☼ 연극이 끝나고 난 후

공연이 끝나고 바로 교실에 돌아와 '연극이 끝나고 난 후' 학습지에 후기를 썼어요. 아침부터 고생한 아이들이 무척 배가 고플 것 같기도 했고, 이때가 점심시간 직전이라 먹고 쓸까 고민하다가 그래도 집중이 흐트러지지 않았을 때 쓰는 게 낫겠다고 판단했어요.

"연극 공연을 하면서 들었던 생각이나 느낌을 적어봅시다."

말이 떨어지기 무섭게 책상에 연필 쓰는 소리가 출발선을 뛰어나가는 100미터 달리기 선수들처럼 경주했어요. 금세 한 바닥씩 가득가득 채울 정도로 풀어내고 싶은 말이 많은 아이들은 확실히 한 뼘 성장한 것 같았어요.

연극이 끝나고 난 후 학생이 쓴 소감

## ⑫ 확장 ☼ 배움 점검 & 성찰 노트

◆ 배움 점검

| 프로젝트 마무리 – 이런 것을 배웠어요 ||||
|---|---|---|---|
| 스스로 점수 매기기 | 3 | 2 | 1 |
| 배움 내용 | 〈택시 운전사〉 영화 감상하기 | | | |
| | 영화 감상평 나눔 및 사회 시간의 배움과 연결 짓기 | | | |
| | 『오월의 달리기』 책 읽기 | | | |
| | 『오월의 달리기』 책 읽고 서평 쓰기 | | | |
| | 『오월의 달리기』 깊이 읽기 - 질문 만들기, 인물 관계도, 인물 카드 | | | |
| | 연극 준비와 공연에서 내가 맡은 역할 성실히 수행하기 | | | |
| | 성실하고 즐거운 태도로 온작품읽기 및 연극 프로젝트에 참여하기 | | | |
| 합계 | | | |

◆ 성찰 노트

- 6월 민주항쟁에 대해 깊게 배울 수 있는 시간이었다. 연극을 준비하는 동안 나눴던 대화가 실전 연기를 할 때 부담감을 덜어줘 친구들과의 관계가 더욱 돈독해졌다.

- 2학기에도 재미있는 내용과 함께 연극을 또 해봤으면 좋겠다. 그때는 두 달 동안 연습을 해서 더 완벽한 연극을 올리고 싶다.

`수업 에필로그`

## 모두 퍼즐의 한 조각이 되어, 하나의 작품을 이루어요

저는 매년 연극을 지도해요. 고학년이라면 가능한 무대를 갖추고 관객을 초대해 공연도 올려요. 연극을 하자고 하면 같은 학년 선생님이나 아이들 모두 막막해해요. 저도 처음에는 그랬어요. 십 년 전, 처음으로 연극 지도를 했을 때 K를 만나지 않았다면 저 역시 힘들고 수고롭다는 이유로 연극 수업을 관뒀을지도 몰라요.

K는 돌봄이 부족한 어린 시절을 보낸 탓에 기초학습이 미진했던 아이였어요. 따로 공부하면 이해력을 잘 발휘하지만 친구들 사이에서는 약간 겉도는, 그해의 아픈 손가락이었어요.

그러던 어느 날, 계획한 연극 지도가 시작되었어요. 작품을 함께 읽고 대본을 쓴 후 역할을 정했어요. 배우 역할이 인기가 많긴 하지만 대부분 자기 적성에 맞는 역할에 지원해 함께 하나의 연극을 꾸려 공연하는데, K는 의외였어요. 아이들 앞에서 발표할 때는 말을 살짝 더듬기도 하는 아이가 주인공 배우 역할에 지원한 거예요. 말을 더듬는 것보다 더 걱정스러운 것은 다른 역할보다 족히 두 배는 넘는 대사량이었어요. 가위바위보로 배역을 정했는데, K는 당당히 이겨 주인공이 되었고 당장 다음날 연극 연습이 시작되었어요. 그해 연극 공연은 학부모님들도 초대할 예정이었던지라 행여 아이가 많은 사람 앞에서 난처한 상황을 맞는 것은 아닌지 걱정되었지만, 제가 할 수 있는 건 격려와 지도뿐이었어요. K는 연습 내내 자꾸 대사를 놓치고 동선도 외우지 못했어요. 여럿이 어우러져서 해야 하는 공연에 주인공이 제일 헤매고 있으니 다른 아이들의 원성도 컸어요. 그런 우려를 알고 있다는 듯 K는 오후에 남아서도 계속 대사를 외웠어요. 저 역시 함께 대본을 읽으며 어떤 톤과 발성으로 연기해야 적절할지 조언을 건넸어요. 그러면서도 공연이 잘 마무리될까, 상당히 떨리고 걱정이 됐어요.

공연 날이 되었어요. 15분짜리 짧은 연극인데도 보호자 분들은 꽃다발까지 사서 교실에 찾아오셨어요. 교실도 복도도 인산인해로 발 디딜 틈이 없는 가운데 공연이 시작되었고, K는 무대 가운데 섰어요. 막이 오르자 제 심장이 튀어나올 것처럼 쿵쾅거렸어요. 긴장한 탓인지 처음에 잠깐 멈춰 있던 K는 서서히 연기를 시작했고, 시간이 흐를수록 거침없어졌어요.

'저 아이가 저렇게 발성이 좋았나?'

늘 소심하게 말꼬리를 흐리는 아이였는데, K의 음성이 공간을 가득 채웠어요. 대사를 조금 틀려도 그 당당한 태도 덕분에 어색하지 않았어요. 공연은 성황리에 끝났고 K는 박수갈채를 받았습니다. 우리 모두 K를 다시 보는 순간이었어요.

실감 나는 장면 연출을 위해 집에서 커다란 소품을 들고 오는 아이들, 할머니 연기를 하려고 시골 할머니에게 빌린 꽃무늬 바지를 입고 등교하는 아이들, 분초를 다투는 장면 전환에서 서로 역할을 정해 소품을 나르고 무대 세팅을 완벽히 해내는 아이들. 처음엔 배우 역할만 중요한 줄 알고 시작한 아이들도 하루하루 연습을 하면서 깨달아요. 그것이 아니라는 것을. 너도, 나도, 모두 자기 역할을 해내야 우리의 연극이 빛난다는 것을 말이죠. 어설프고 실수가 잦던 연극이 점차 합이 맞아 '이제 좀 괜찮네' 싶을 무렵, 공연 날이 되어요. 아이들은 시간이 조금만 더 있으면 더 잘할 수 있다며 무대에 오르지만, 관객들 앞에서 공연하고 내려온 아이들은 어느 때보다 맑고 빛나는 얼굴로 웃어요.

"선생님! 너무 아쉬워요. 한 번 더 하면 안 돼요?"

"우리 연극 또 언제 해요? 다음엔 다른 역할 해볼래요."

연극을 하다 보면 다른 시간에 보지 못하는 아이의 존재 자체와 직면하는 순간이 있어요. 무대를 준비하는 아이들은 언제나 제가 생각하는 것보다 큰 존재여서 어느 세상으로 얼마큼 뻗어나갈지 모른다는 생각을 해요. 그래서 제가 감히 재단하고 예측하면 안 된다는 것을요.

제가 연극 지도를 할 때마다 다음 세 가지를 다시 확인합니다.

첫째, 아이들은 생각보다 대사를 쉽게 외운다는 것.(전체 대본은 길지만 1인당 대사는 나뉘니 어쩌면 당연한 건데, 이상하게 저는 아이들이 대본을 잘 외울지가 늘 걱정이에요.)

둘째, 모두 역할 분담이 있지만 진행하다 보면 아이들이 자기 일이 아니어도 도울 일을 찾아서 한다는 것.(바로 이런 순간이 주는 쾌감에 제가 또다시 연극을 지도하는 것 같아요.)

셋째, 결국 어찌 됐든 '무대는 가능하다'는 것입니다.

연극 최종 무대가 완벽하면 더할 수 없이 좋지만, 완벽하지 않고 실수가 나오더라도 그 나름대로 멋이 있어요. 관객들은 잘한 연극만큼이나 실수가 나온 연극도 큰 박수를 보내주거든요. 연극을 함께 준비하고 무대를 하는 과정에서 설령 싸우고 다툼이 있더라도 모두 성장의 과정입니다.

# 5 나눔으로 채우고 어울림으로 하나 되는 우리

나눔과 봉사

◆ 프로젝트 개요

| 주제명 | 나눔으로 채우고 어울림으로 하나 되는 우리 | | | | |
|---|---|---|---|---|---|
| 추천 시기 | 학기 말 | 관련 교과 | 실과, 도덕, 음악, 미술, 체육 | 차시 | 22 |
| 역량 | 자기 관리 역량, 심미적 감성 역량, 협력적 소통 역량, 공동체 역량 | | | | |
| 재구성 이유 | 인간은 누구나 강점과 약점이 있다. 교실에서 동시에 많은 아이를 만나다 보면 각 아이가 가진 다른 재능과 강점이 보인다. '나눔과 봉사'를 키워드로 한 프로젝트를 기획하여 재능 나눔을 통해 기금을 모아 아프리카의 어린이에게 기부하고자 했다.<br>학생들은 각자의 재능을 살려 가르치고 배우는 나눔의 기회를 가진 후, 한지 만들기, 바느질, 생활 소품 만들기 등의 활동을 통해 다양한 생산물을 만들어 나눔 장터를 열고, 아프리카의 어린이들을 돕기 위한 기부금을 모을 예정이다. | | | | |

## 1 교사 교육과정 설계

### ① 교육과정 맥락 잡기 (Why & How)

◆ 나눔 프로젝트의 전체 흐름 및 구성 요소

> 취지 | 봉사의 의미를 알고, 재능 나눔으로 배우고 가르치며 봉사하기.
> 노작 활동을 통한 결과물을 제작하여 나눔 행사를 연 뒤 기부금을 모아 기부하기

봉사의 의미 알기 → 재능 나눔, 원데이 클래스 → 노작 활동 결과물 제작 → 나눔 행사 성금 모으기 → 기부하기

키워드 | 나눔과 봉사

**도덕**
- 작은 손길이 모여 따뜻해지는 세상
- 우리가 만드는 도덕 수업

**실과**
- 내 옷 스스로 수선하기

**미술**
- 한지로 만드는 세상
- 공판화

**과학**
- 식물의 구조와 기능

**창체**
- 나눔 행사

---

6학년 교육과정을 분석하던 중 도덕의 핵심 개념, '봉사'를 발견했어요. 그 순간 몇 년 전 했던 '빨간 염소 보내기' 행사와 엮으면 봉사와 기부가 어우러지는 교육과정의 한 꼭지를 만들 수 있겠다는 생각이 들었어요. 6학년은 제법 손끝도 여물었으니 노작 활동으로 결과물을 만드는 것도 좋겠고, 가장 고학년으로서 앞장서서 나눔의 자리를 만들면 후배들에게 좋은 본보기도 될 수 있을 것 같았어요. 그래서, 나눔과 어울림 프로젝트를 하기로 계획했습니다.

| 주제 및 취지 | [나눔과 봉사] 봉사의 의미를 생각하며 재능 나눔으로 서로 배우고 가르치며 봉사하기. 노작 활동을 통한 결과물을 제작하여 나눔 행사를 열고 기부금 모아 기부하기 | |
|---|---|---|
| 씨앗 | 도덕 | ▪ 작은 손길이 모여 따뜻해지는 세상 |
| | 과학 | ▪ 식물의 구조와 기능(소재만 빌려와 사용) |
| 표현 | 실과 | ▪ 내 옷 스스로 수선하기<br> - 바느질로 양말 인형 만들기 |
| | 미술 | ▪ 재능 나눔 포스터 만들기<br>▪ 한지 공예<br>▪ 공판화 |
| 확장 | 창체 | ▪ 나눔 행사<br> - 활동 결과물 판매로 수익 실현하기<br>▪ 기부 행사<br> - 세이브더칠드런, 빨간 염소 보내기 |

② 세부 계획 세우기

이번 프로젝트의 목표는 생활 속에서 나누고 어울리는 경험, 그래서 사회에 기여하는 경험을 갖는 것입니다. 이 프로젝트의 씨앗은 도덕 교과서에 나온 차시 활동 중 하나인 재능 나눔이었어요. 실제 교육과 정에서 20분 정도 편성된 이 시간을 풍선이라고 치면, 저는 그 풍선을 열기구만큼 크게 확장해 커다란 줄기로 만들기로 했어요.

먼저 본격적인 재능 나눔 시간을 편성하여, 내가 가진 작은 재능이 타인에게 도움이 될 수 있음을 경험하도록 하였습니다. 의무적으로 가르치고 배우도록 하고, 친구의 수업을 듣고 배우는 횟수에 따라 수업료는 제가 학급 화폐로 지급하였습니다. 그렇게 번 수입으로 나눔 장터 물품을 살 수 있게 하여 성금으로 연결 지었고요.

나눔 장터 운영으로 성금을 모으기 위해 장터의 물품은 아이들이 만든 결과물을 활용하거나 '아나바다'로 기부받아 마련하였습니다.

이를 위해 아이들이 상품 가치가 있는 결과물을 낼 수 있을 만한 단원들을 찾아 묶었는데, 단편적으로 운영할 수도 있는 양말 인형 만들기, 한지 공예 등의 활동을 모아 '나눔 행사를 위한 물품 만들기'라는 명목을 붙이니 같은 활동이라도 더 큰 의미가 생겼어요.

마지막으로, 재능 나눔 봉사와 나눔 장터 활동으로 모인 성금은 기부함으로써 우리의 시야를 지구촌으로 확장하는 큰 그림을 그렸습니다.

◆ 프로젝트 내내 교사의 북극성이 되어주는 탐구 주제

| 탐구 주제 | • 나눔의 의미를 알고 봉사를 실천하는가?<br>• 기초 바느질 기법을 익히고 인형을 만들 수 있는가?<br>• 기부금 모금을 위해 자신의 재능을 찾아 재능 나눔을 실천하는가?<br>• 나눔을 생활화하는가? |
|---|---|

◆ 전체 프로젝트의 밑그림이 되어줄 설정들, GRASPS, 수행 과제, 평가 준거

| 수행 과제 | • GRASPS<br>국제 구호 기구 '세이브더월드'의 일원(R)이 된 당신. 나눔과 봉사의 의미를 알아보고 내가 나눌 수 있는 나의 재능을 파악하여(S) 친구들(A)에게 재능을 기부(G1)합니다. 또, 양말 인형 만들기(P1), 한지 공예(P2), 판화 공예(P3) 활동으로 만든 작품으로 나눔 행사를 열어 기금을 모아 아프리카의 어린이를 위해 기부(G2)합니다.<br><br>• 수행 과제 1. 나눔과 봉사의 의미 알기<br>• 수행 과제 2. 기초 바느질 기법을 익혀 손인형 만들기<br>• 수행 과제 3. 한지의 특성을 알고 한지 작품 만들기<br><br>• 평가 준거 1. 나눔과 봉사를 실천하는가?<br>• 평가 준거 2. 기초 바느질 기법을 익히고 작품을 완성할 수 있는가?<br>• 평가 준거 3. 한지의 특성을 이해하고 작품을 제작할 수 있는가? |
|---|---|

*GRASPS: Goal 목표 Role 역할 Audience 청중 Situation 상황 Product 산출물 Standards 준거

◆ 프로젝트 전체 흐름

| 차시 | 교과 | 단원 | 흐름 | 학습지 | 평가 |
|---|---|---|---|---|---|
| 1~2 | 도덕 | 2. 작은 손길이 모여 따뜻해지는 세상 | ▪ 봉사의 필요성<br> -봉사의 의미 살펴보기<br> -봉사의 의미와 중요성 알기<br>▪ 나눔과 봉사를 실천하는 방법<br> - 나눔 실천 방법 생각해보기<br> - 마음 나누기 4단계: 관심 기울이기, 공감하기, 준비하기, 실천하기 | ☑ | |
| 3~4 | 도덕 | 2. 작은 손길이 모여 따뜻해지는 세상 | ▪ '진정한 봉사란?' 토론하기<br>▪ 내가 할 수 있는 봉사활동<br> - '어린이 재능 기부' 영상 보기<br> - '만약 한다면?' 놀이하기<br>▪ 학교에서 할 수 있는 재능 나눔 계획하기<br> *실제 재능 나눔은 중간 놀이 시간과 점심시간에 실시 | | |
| 5 | 도덕 | 우리가 만드는 도덕 수업 | ▪ 나의 재능 나눔 홍보 포스터 만들기 | ☑ | |
| 6~11 | 미술 | 한지로 만드는 세상 | ▪ 한지의 특성 알아보기<br>▪ 한지로 한복 만들기<br>▪ 종이 끈으로 보관 용기 만들기<br>▪ 한지 퍼즐, 한지 보관함, 한지 거울 만들기<br>▪ 서로의 작품 감상하기 | ☑ | ☑ |
| 12~19 | 실과 | 3-1. 내 옷 수선 스스로 하기 | ▪ 기초 바느질 익히기<br>▪ 기초 바느질 기법을 활용하여 양말 인형 만들기 | | |
| 20~21 | 도덕 | 우리가 만드는 도덕 수업 | ▪ 나눔 장터 행사하기 | | ☑ |
| 22 | 도덕 | 우리가 만드는 도덕 수업 | ▪ 프로젝트 돌아보기 | ☑ | |

# 2  프로젝트 수업 A to Z

## ① 첫날

> 안녕! 햇살초 6학년 친구들!
>
> 이번 프로젝트는 '나눔으로 채우고 어울림으로 하나 되는 우리' 프로젝트로 주제는 나눔과 봉사입니다. 작은 손길이 모여 세상을 따뜻하게 하는 봉사의 의미와 사례를 배우고, 우리가 할 수 있는 봉사는 무엇이 있을지 생각해볼게요.
>
> 두 가지 큰 활동을 할 건데요. 첫 번째 재능 나눔은 원데이 클래스 강사 되기입니다. 각자 자기가 가진 특기와 장기를 활용하여 '나만의 수업'을 열 거예요. 두 번째 재능 나눔은 노작 활동 하기입니다. 바느질을 통해서 양말 인형도 만들고, 한지 공예를 통해 완성도 높은 작품도 제작해요. 만든 작품은 나눔장터를 열어 판매하고, 행사 수익금을 모아 우리의 마음을 아프리카의 작은 마을에 전달하려고 합니다.
>
> 소비자는 냉정해요. 수강자가 들을 수 있는 멋진 수업과 소비자가 살 수 있는 멋진 작품을 부탁해요!
>
> -국제 구호기구 세이브더월드 구호 대사 드림.

## ② 씨앗 💡 확장 ☼ 재능 나눔, 원데이 클래스

6학년쯤 되면 벌써 수학 기초 개념을 놓쳐 구멍이 조금씩 생긴 아이들이 한 반에 여럿인데, 혼자 다 지도할 수 없어 반 친구 중에 가르칠 의지가 있는 아이와 멘토와 멘티를 짝지어주었어요. 아이들은 신기하게도 제 설명보다 친구의 설명을 듣고 훨씬 쉽게 이해한답니다. 그래서 서로서로 가르치고 배우는 경험을 해보자고 계획했습니다. 자신의 재능을 살려 나만의 수업을 열고, 수강생을 받는 거죠. 문화센터의 원데이 클래스처럼요.

"선생님 저는 잘하는 게 없는데요?"

예상했던 질문이 나왔습니다.

"사람은 누구나 남들보다 조금 더 잘하는 게 한 가지는 있어. 아주 간단한 것도 괜찮아. 그저 나의 노하우를 살짝 풀어주면 되는 거야."

아이들의 망설이는 표정과 부정적인 답을 들으니 안타까웠어요. 하지만 그 무엇도 괜찮다고, 괜찮다고 북돋워 주고 격려해 준 결과 다음과 같은 클래스가 열렸습니다.

| | | |
|---|---|---|
| ◇ 수학 학원 | ◇ 배구 교실 | ◇ 고민 상담 |
| ◇ 역사 교실 | ◇ 주짓수 교실 | ◇ 신청곡 불러드립니다 |
| ◇ 컴퓨터 교실 | ◇ 농구 교실 | ◇ 무엇이든 물어보살 |
| ◇ 그림 강좌 | ◇ 댄스 교실 | ◇ 바른 글씨 쓰기 |
| ◇ 머리핀 만들기 | | |

아이들이 만든 원데이 클래스 재능 나눔 포스터

**Tip.**

• **시간 운영은 어떻게 하나요?**

13개의 클래스가 개설되고, 강사도 수강생도 모두 우리 반 학생이었기 때문에 수업 시간에 운영하면 원하는 클래스를 마음껏 선택하기는 어려운 상황이었어요. 그래서 2주 정도에 걸쳐 30분 중간 놀이 시간과 점심시간을 활용해 운영하였습니다. 각 홍보 포스터에 강좌 날짜와 시간을 적고, 파란색 포스트잇에 이름을 적어 수강 신청하는 과목에 붙이도록 했어요.

각 클래스의 강사를 맡은 학생에게는 수강생 수에 따라 당시 학급 경제활동에서 사용하던 화폐를 지급하고, 나눔 장터에서 쓸 수 있도록 하였습니다.

원데이 클래스 주간 동안 저는 중간 놀이 시간과 점심시간을 앞두고 오늘의 클래스를 수강 신청자에게 안내했어요. 머리핀 만들기 수업이 있던 날, 강사인 재원이는 양손 가득 여러 소품이 가득 든 상자를 두 개 들고 등교했어요. 역사 교실을 연 하람이는 PPT를 정성스럽게 만들어와 수업했고요. 축구 클럽을 연 태인이는 코치님께 아이들에게

그림 강좌

역사 강좌

주짓수 강좌

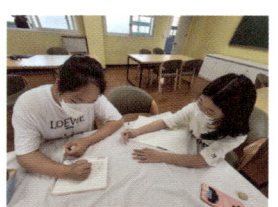
바른 글씨 쓰기 강좌

우당탕탕 머리핀 만들기

축구 클럽

가르칠 기술을 배워왔어요. 자신의 클래스를 운영하는 아이들의 태도는 진지했어요. 고민 상담 코너는 따로 예약을 받아 일대일 개인 상담으로 진행했고, 신청곡 코너는 5교시 시작 전 10분 운영하는 것을 규칙으로 정했어요. 덕분에 2주 동안 점심시간마다 라이브음악이 끊이지 않았어요. 재능 나눔 수업을 듣는 과정에서 아이들은 학습지에 다음과 같은 한 줄 소감을 작성했어요.

◆ 유린이의 재능 나눔 소감

| 나눔 날짜 | 실천 내용 | 배움/가르침 | 소감 |
| --- | --- | --- | --- |
| 6.15 | 수학 학습지 풀기 | 배움 | 수학이 더 쉬워진 기분이 들었다. |
| 6.16 | 머리핀 만들기 | 배움 | 예쁜 머리핀을 직접 만들 수 있어 좋았다. |
| 6.17 | 그림 수업 | 배움 | 그림 그릴 때 인체 구조를 정확히 알 수 있었다. |
| 6.17 | 글씨 수업 | 가르침 | 너무 못 가르친 것 같다. |
| 6.15 | 역사 수업 | 배움 | 이순신 장군이 살아생전 했던 업적을 잘 알게 되었다. |

◆ 유노의 재능 나눔 소감

| 나눔 날짜 | 실천 내용 | 배움/가르침 | 소감 |
| --- | --- | --- | --- |
| 6.14 | 축구 - 수비 | 배움 | 수비하는 방법을 더 알았다. |
| 6.14 | 주짓수 - 넘어뜨리기 | 배움 | 정말 쉽게 알려줘서 금방 배우고 재미있었다. |
| 6.17 | 그림 - 인체 표현 | 배움 | 비율을 배웠다. |
| 6.15 | 역사 - 이순신 | 배움 | PPT까지 만들어와서 정말 쉽게 이해하고 좋았다. |

③ **표현** 나눔 행사 물품 만들기

국제 구호기구 세이브더칠드런에서는 '아프리카에 빨간 염소 보내기' 사업을 실시해 아프리카에 염소를 보내어 마을 자립을 지원해오고 있습니다. 염소는 사육이 쉽고 신선한 우유를 채취해 아이들에게 매일 풍부한 영양소와 단백질을 줄 수 있고, 번식이 용이해 한 마리의 염소

를 보내면 세 개의 마을을 살
릴 수 있다고 해요. 그래서 저
도 학년 나눔 행사를 할 때는
염소 지원을 하고 있는데요.
이번 나눔 행사 역시 수익금으
로 염소를 보내기로 하고, 아
이들에게 취지를 설명했어요.
아이들은 자신의 노력으로 지

우리 반 빨간 염소 보내기 포스터

구 반대편 아이들을 살릴 수 있다는 사실에 놀라 눈이 반짝였어요.

우리는 함께 멋진 작품을 만들어 성금을 최대한 많이 모아, 아프리카의 어려운 마을을 살리고 싶다는 공동의 목표를 가슴에 안고 작품 활동을 시작했습니다.

요즘엔 손으로 조작하는 활동이 현저히 줄었기에 6학년이어도 손끝 소근육 발달이 미진해요. 어설픈 손놀림으로 열심히 작업하는 아이들을 보면 종종 웃음이 나기도 해요. 바느질하던 아이가 "야, 이거 아프리카 아이들 도우려면 잘 만들어야 해", 한지 작품을 만들면서 풀칠하던 아이가 "이렇게 비뚤어지게 붙이면 동생들이 안 살 것 같은데?" 같은 예쁜 말을 하는 것을 들으면서요. 그렇게 우리는 하나하나 작품을 만들어 모았습니다.

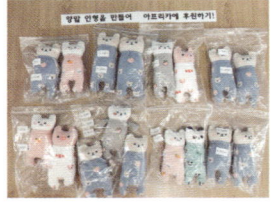
아이들이 만든 양말 인형

나눔 장터를 위해 만든 한지 공예 액자

양말 인형 만드는 아이

④ 표현 공판화로 에코백에 문양 새기기

과학 식물 단원을 배울 때 마음에 드는 식물을 하나 골라서 도안으로 디자인하고, 그 그림을 새겨 에코백을 제작했습니다. 열심히 만들었는데 아무것도 남지 않으면 속상할 테니까, 에코백은 두 개씩 나눠준 뒤 공판화로 찍어서 하나는 자기가 갖고, 하나는 나눔 행사 물품으로 내놓았어요.

나눔 행사를 위한 물품 만들기 – 공판화로 에코백 디자인하기

Tip.
- **예산 운영은 어떻게 하나요?**
    양말 인형이나 한지 공예는 학습 준비물 예산으로 구입했고, 에코백은 학급 운영비로 구입했습니다. 무지 에코백을 구입한 가격이나 판매 수익금은 거의 비슷했지만, 같은 가격이어도 다른 가치가 있었어요.

⑤ 확장 나눔 행사 & 빨간 염소 보내기

프로젝트 마무리로 나눔 행사를 잡고, 일정과 장소를 전교에 홍보했습니다. 교실 두 개 크기의 놀이 교실을 활용했지만, 밀집되지 않도록 학년별로 시간을 분배해 안내하고 벽 쪽으로 둥글게 가판대를 만들어 전체 제품을 전시해 둘러보면서 구입할 수 있도록 공간을 조성했어요. 나눔 행사가 다가오니 우리가 만든 작품들만으로는 부족할 것 같아서,

집에서 쓰지 않는 물건 중 상품 가치가 있는 물건을 기부받아 더욱 풍성한 행사를 꾸렸어요. 행여 완제품의 질이 높은 물건만 팔리면 어떻게 하나, 자기가 만든 물건이 끝까지 팔리지 않았을 때 아이들이 속상해하면 어떡하나 걱정했는데, 다행히 선생님들도 참여해주셔서 모든 물건이 완판되었어요. 행사 결과, 학년 전체에서 36만원 가량의 수익금이 발생해 아홉 마리의 염소를 아프리카에 보내고 모든 나눔 프로젝트를 마무리했습니다.

6학년 나눔 행사 포스터

나눔 행사에서 에코백을 사고파는 아이들

전교 대상 나눔 장터

## ⑥ 확장 ☼ 배움 점검 & 성찰 노트

◆ **배움 점검**

| | 프로젝트 마무리 – 이런 것을 배웠어요 | | | |
|---|---|---|---|---|
| | 스스로 점수 매기기 | 3 | 2 | 1 |
| 배움 내용 | 봉사의 의미 알아보기 | | | |
| | 봉사 계획 세워 실천하기 | | | |
| | 재능 나눔 - 원데이 클래스 열고 가르치기 | | | |
| | 재능 나눔 - 원데이 클래스에서 배우기 | | | |
| | 기초 바느질 기법 익히기 | | | |
| | 양말 인형 만들기 | | | |
| | 한지 공예품 만들기 | | | |
| | 앞으로도 꾸준히 봉사를 실천하려는 마음과 태도 가지기 | | | |
| | 합계 | | | |

◆ **성찰 노트**

- 기부와 봉사를 하니 기분이 좋다. 시간이 되면 또 비슷한 활동을 했으면 좋겠다.
- 봉사를 직접적으로 해보고 싶었지만 만들기로 끝난 것 같아 아쉬웠다. 그렇지만 봉사의 뜻을 잘 알게 되어 좋은 시간이었다.

> 수업 에필로그

## 나눔으로 더 풍성한 교실, 우리는 어울리며 서로 배워요

약간의 불안함과 설렘으로 시작하는 나눔 행사 아침이다. 행사 전날에는 판매 물품들을 전시하고, 그 외 기부 물품들은 종류별로 분류해 문구점, 옷가게, 책방, 인형 가게 등의 코너를 만들고 담당자를 정해주었다. 홍보지를 학교 중앙계단 층마다 잘 보이는 곳에 붙였지만, '정말 다들 와줄까?' '오전에 한 번 있는 쉬는 시간, 중간 놀이 시간인데 노느라 오지 않으면 어쩌지' 하는 마음과 '사람이 일시적으로 너무 몰려서 장소가 비좁아 사고파는 것이 원활하지 못하면 어쩌나?' 하는 걱정이 동시에 든다. 어쩔 수 없지. 판을 벌였으니 부딪혀보는 수밖에.

종이 치자 우리 6학년에 비하면 아기 같은 1, 2학년 아이들이 선생님 뒤를 따라 올망졸망 몰려왔다. 선생님들이 인솔까지 해주실 줄 몰랐는데 아이들을 한 줄로 세우는 동시에 행사 취지 또한 설명해주셨다. 아이들은 눈을 빛내며 한 바퀴 돌고는 원하는 물건을 사서 호로록 물러갔다. 다음 타임, 중학년이 몰려왔다. 학원에서, 동네에서, 아래 윗집에 살아서 인맥이 닿는 친구들은 아는 형 누나, 언니 오빠가 만든 작품을 향해 질주해 물건을 샀다. 기념으로 투샷을 찍어주고 돌아서는데, 윤우가 에코백을 두 개 사고 싶지만 용돈이 부족한 후배를 마주하고 난감해하고 있었다. 귓속말로 슬쩍 깎아줘도 된다고 말해주었다.

쌓여가는 천 원짜리 지폐를 보면서 행복해하는 아이들. 기부금 많이 벌어야 한다고 걱정 반 즐거움 반인 아이들을 보니 책임감이 느껴졌다. 뒷정리 후, 교실에 돌아와 돈을 셌다. '얼마나 벌었지?' '많아야 할 텐데……' '우리가 그동안 노력한 게 얼만데?' 하는 마음이 아이들 얼굴에 그대로 드러난다. 그건 나도 마찬가지.

　우리 반 수익금은 정확히 124,300원이었다. 텔레비전 화면을 통해 후원 과정을 지켜보고, 결과로 뜬 '후원 확인서'를 확인하는 아이들 표정이 해처럼 밝았다. 지구 저편 어딘가 우리가 살린 마을에 사는 어린이의 표정도 밝기를 바라며 프로젝트를 마쳤다.

3부

# 교사 교육과정 운영의 확장

'교사 교육과정 운영 사례'가 국가 교육과정 내에서 주어진 씨앗과 도구, 표현을 통해 확장을 도모했던 예시라면, 이번에는 정해진 틀을 살짝 벗어나 조금 더 확장된 교육과정 운영법을 다루고자 합니다. 교사 교육과정을 운영하는 동안 저에겐 언제나 '여유 있는 시수 운영'과 '자유로운 주제 선정'에 대한 갈망이 있었는데요. 2022 개정 교육과정에서 '학교 자율시간'이 교육과정 운영의 당당한 주체로 인정받음에 따라 시수를 증감하여 주제를 선정하고 활동이나 과목으로 개설을 할 수 있는 권한을 얻게 되었어요. 3부에서는 '평화 교육과정' '어린이 작가 되기 교육과정'과 교사 교육과정에서 필수인 '마을 연계 교육과정' 등 교사 교육과정 확장판격 내용을 오롯이 담아냈습니다.

# 평화에 물들다

평화교육

#  미래형 교사 교육과정 설계

2022 개정 교육과정의 주요 개정 내용은 '학교 자율시간'이었어요. 시수를 증감하여 주제를 선정하고 활동이나 과목을 개설할 수 있는 권한은 교사 교육과정이 교육 운영의 당당한 주체로 인정받고 있을 보여주는 셈이었죠. 마침 6학년 담임을 맡고 있을 때, 저희 지역 교육청에서는 교육의 새로운 흐름에 발 맞춰 미래 교육과정 운영 학급을 공개 모집했어요. 이번에 소개할 '평화 교육과정' 또한 그 공모 사업을 통해 진행한 사례입니다. 이제 '평화'라는 주제로 방향을 선정하기까지 제가 고려한 것들을 만나볼까요?

### ① 주제 선정 시 고려한 질문

| | |
|---|---|
| 교육 내용 | • 성취 기준에서 다루는 내용은 무엇인가?<br>• 교육의 맥락을 어떻게 잡을 것인가? |
| 학생 수준 | • 우리 학년의 성장 단계는 어느 정도인가?<br>• 우리 아이들에게 적합한 주제는 무엇인가? |
| 교사 요구 | • 교사의 특성과 흥미, 강점은 무엇인가? |

### ② 주제 도출

교과 교육과정을 보완하면서도 우리만의 특색이 있는 교육과정 운영을 위한 주제로 무엇이 좋을까 고민했어요. 여러 교과의 핵심 개념을 뽑아보았는데, 종합적으로 포괄하는 개념은 '평화'였어요.

> **Tip.**
> - 6학년 성취 기준에서 찾은 교과별 평화 관련 주제
>   - 사회: 민주정치, 경제성장, 이웃 나라와의 교류, 독도, 통일, 세계 문제, 빈곤, 기아, 편견, 차별, 지속 가능한 미래
>   - 도덕: 갈등, 봉사, 공정, 세계
>   - 과학: 첨단 생명 과학, 생태계 보전
>   - 국어, 음악, 미술: 주장하는 글쓰기, 토론, 매체 활용, 영상 제작, 뮤직비디오 제작

### ③ 세부 운영 계획

'평화'라는 주제는 아이들이 공부하고 익히기보다는 자연스럽게 생활 속에 스며들어야 해요. 그래서 매주 금요일, 평화를 이야기하는 시간을 정기적으로 가지도록 연간 교육과정을 구성했어요. 통상적으로 1학기 초에는 진단 기간으로 서로를 알아가는 진단 프로젝트를 실시하고, 6학년 2학기 말 사회 교과의 내용이 지구촌과 세계로 확장되기에 그에 맞추어 우리 평화교육의 흐름도 '나→세계'로 점차 확장하면서 시야를 넓힐 수 있도록 했어요.

| 주제 | 평화교육 |
| --- | --- |
| 역량 | 생태환경교육, 인권, 빈곤 등의 지구촌 문제에 관심을 가지고 관련 문제를 해결하기 위해 능동적으로 행동하는 세계시민 역량 함양 |
| 운영 형태 | 매주 금요일 2차시 연간 운영, 학기 말 평화의 날 운영 |
| 차시 확보 | 국어, 도덕, 사회, 수학, 과학, 실과에서 교과 시수 20퍼센트 내 감축 및 교과 연계로 총 82차시 마련 |
| 성취 기준 | 성취 기준 개발 및 통합으로 운영 |
| 연간 교육 흐름 | '나-너-우리-가족-환경-지역-국가-세계'로 확장 |

④ 성취 기준

| 성취 기준 재구조화 개발 | 관련 교과 | 차시 | 활동 내용 | 시기 |
|---|---|---|---|---|
| 개발<br>[6자율-평화-01] 평화의 의미를 이해하고 내 안의 평화와 우리 관계 속의 평화를 위해 개인이 노력해야 할 점을 탐구하고 실천하려는 의지를 함양한다.<br>[6자율-평화-02] 나와 타인과 다름을 이해하고 조화로운 공동체를 위한 태도를 지닌다. | 국어<br>창체 | 1~24 | • 나에 대해 이해하기<br> - 성격 검사, 진로 검사 등 다양한 진단 검사 활용<br>• 친구에 대해 알기<br> - 각 개인이 나에 대해 조사한 결과를 나누며 서로를 이해하기<br>• 가정 안에서의 평화를 지키는 방법<br> - 가족의 의미 이해하기<br> - 다양한 가족의 모습, 가정에서 평화를 지키기 위한 태도 살펴보기 | 3월<br>4월<br>5월 |
| 개발<br>[6자율-평화-03] 다양한 생물을 탐색하는 과정을 통해 생태계 보전의 필요성을 인식하고 실천하며 생태계 보전 방법을 제시한다. | 과학<br>도덕 | 25~32 | • 기후 위기 생태 동아리 활동하기<br>• 우리 학교 주변의 환경 문제를 찾아 개선할 방법 찾아 알리고 실천하기<br>• 제로 웨이스트, 그린 챌린지 홍보하기 | 6월 |
| 개발<br>[6자율-평화-04] 역사 속에서 벌어진 우리 지역의 분쟁 및 갈등 상황을 조사하고 평화로운 미래를 위한 실천 방안을 찾는다. | 사회<br>도덕<br>국어 | 33~38 | • 인천 지역에서 벌어진 분쟁과 갈등 및 전쟁의 역사를 조사하기<br>• 미래 인천의 평화로 나아갈 길은 어떤 모습일지 토의하기 | 7월 |
| 1학기 평화의 날 운영 | | 39~44 | • 지구촌 평화를 위한 캠페인 활동하기<br>• 지속 가능한 지구를 위한 봉사활동 하기 | 7월 |
| 통합<br>[6사08-01/02] 독도를 지키기 위한 역사적 노력을 살펴보며 영토 주권 의식을 기르고 지구촌 평화에 도움이 되는 통일된 한국의 모습을 제시한다. | 사회<br>도덕<br>국어 | 45~60 | • 독도의 지리적 위치 조사하기<br>• 독도를 지키기 위한 역사적 노력 알아보기<br>• 독도를 지키기 위한 태도 기르기<br>• 통일된 한국 | 9월<br>10월 |
| 개발<br>[6자율-평화-05] 지구촌의 다양한 갈등 상황을 조사하고 지속 가능한 미래를 위한 참여 방안을 모색하여 실천한다.<br>[6자율-평화-06] 지구촌의 평화와 발전을 위하여 노력할 점을 찾아 실천하고 더불어 살아가기 위한 삶의 태도를 기른다. | 사회<br>도덕 | 61~76 | • 지구촌 갈등 상황 조사하기<br>• 지구촌 평화와 발전을 위해 노력하는 다양한 행위 주체가 되어 활동하기<br>• 자신의 생각을 정리하여 주장하는 글 쓰기<br>• 강연회를 열어 환경 문제 공론화하기 | 11월<br>12월 |
| 2학기 평화의 날 운영 | | 77~82 | • 1년간 운영한 평화의 날 운영 결과물 전시<br>• 소감 발표 | 12월 |

# 2 연간 운영 흐름

## ① 주제 설정과 성찰 및 제안

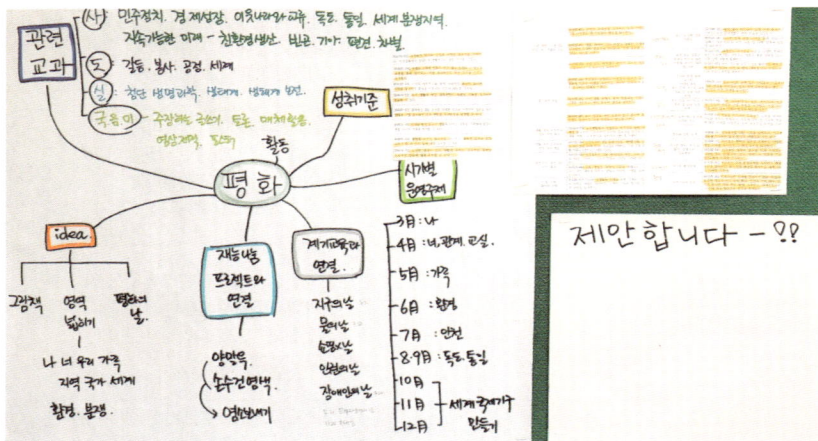

3월, 평화교육 주제 정하기

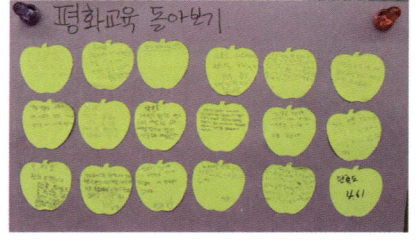

7월, 1학기 평화교육 성찰하기    7월, 2학기 평화교육 제안하기

## 가. 성찰

- 그림책을 만들면서 나에 대해 알 수 있게 됐고 평화를 더 가깝게 느낄 수 있었다. 2학기 평화교육이 기대된다.

- 나는 빵점 그림책을 그릴 때 나의 속마음과 내 모습을 알 수 있어 정말 좋았다.
- 우정 팔찌 할 때 자꾸 엉켜서 힘들었지만 재미있었다.
- 평화교육할 때 염소를 보내는 프로젝트를 했는데 염소를 보내서 좋았다.
- 단점상점을 하면서 나의 단점이 필요한 친구들이 용기를 내길 바랐다.

**나. 제안**

- 독일 통일, 소련 붕괴에 관한 이야기를 평화 시간에 배우고 싶다.
- 우리나라가 북한과 통일을 해야 하는 여러 가지 이유
- 독도에 관한 내용을 배우고 싶다.
- 어떤 분쟁이 일어났는지 배우고 싶다.
- 1학기는 나 자신과 평화에 대해 배웠고, 2학기에는 전쟁, 세계에 대해 배운다니 기대된다. 그림이나 글처럼 재미있는 활동으로 배우고 싶다.
- 피난민에 대해 더 배우고 싶다. 전쟁 직후 가족을 잃고 마음이 아팠을 것 같다.
- 통일을 할 수 있다는 주제를 아주 자세히 배우고 싶다. 정말 통일이 됐으면 좋겠다.
- 국제기구에 대해 배우고, 내가 세계 지리를 잘 몰라서 세계사 속에서 평화 이야기를 배우고 싶다.

② **나와의 평화 ('나' 탐구하기)**

| 그림책 읽기 | 나 탐색하기 | 진로 탐색하기 |
| --- | --- | --- |
| '나'에 대해 생각해 볼 수 있는 그림책을 읽고 표현하여 깊이 탐구하기 | ▪ '20년 뒤의 나 황금손' 만들기<br>▪ 열기구에 나 탐색하여 게시하기 | 진로 탐색 검사로 교수학습 지원센터를 참고하면 무료로 다양한 검사를 할 수 있어요.<br>- LCSI검사<br>- MBTI검사<br>- 커리어넷 커리어 코치<br>- 잡월드 진로 체험<br>- 진로 체험의 날 |

◆ 그림책으로 만나는 나

『나는 빵점』(한라경 글, 정인하 그림, 토끼섬, 2021)

중의적 의미를 띠는 '나는 빵점'이라는 제목을 보면 알 수 있듯이 주인공 식빵이 자신의 가치를 탐구하는 그림책이에요. 책을 읽고 아이들에게 물어요.

"나의 특징과 성격을 닮은 빵은 무엇일까요?"

자신의 성격이나 성향, 특성을 바탕으로 다양하게 표현한 빵들은 그 자체로 우리 반 아이들 그대로였습니다.

 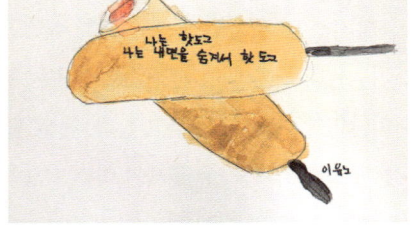

아이들이 자신의 성격과 특징을 빗대어 표현한 빵들

『세상에 필요한 건 너의 모습 그대로』(조안나 게인즈 글, 줄리아나 스와니 그림, 김선희 옮김, 템북, 2021)

그림책 『세상에 필요한 건 너의 모습 그대로』를 읽고, 신문과 한지, 도배용 풀을 이용해 멋진 열기구를 만들었어요. 종이컵에는 일 년 후 나에게 편지를 써서 넣고, 종업식 날 느리게 도착한 편지를 읽었어요. 만드는 데 좀 시간이 오래 걸리고 힘들었지만, 일 년 내내 복도에 걸린, 색과 꾸밈새가 어느 하나 같지 않은 열기구를 보면서 "세상에 필요한 건, 바로 그런 너야.

네 모습 그대로의 너"라고 마음에 되새길 수 있었어요.

아이들이 손수 만든 열기구

『아나톨의 작은 냄비』 (이자벨 카리에 글·그림, 권지현 옮김, 씨드북, 2014)

『아나톨의 작은 냄비』는 어느 날 갑자기 나를 불편하게 하는 냄비가 생긴 아나톨이 "그 냄비, 나도 있다"라고 말해주는 어른을 만나 자신의 냄비를 담을 가방을 선물 받고, 세상의 일원으로 살아가는 내용이에요. 처음 이 책을 읽었을 때 마음이 뜨거워지면서 저도 아이들에게 이런 어른이 되고 싶었어요. 그리고 아이들에게 말해주고 싶었어요. "누구나 냄비가 있어. 하지만 괜찮아, 너는 그냥 너야. 그런 너여도 괜찮아"라고요.

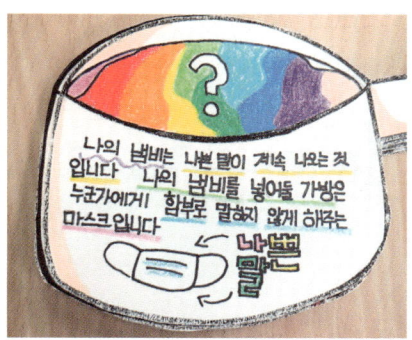

아이들이 직접 만든 '나의 냄비'

『이게 정말 나일까?』(요시타케
신스케 글·그림, 김소연 옮김,
주니어김영사, 2015)

영화 〈소울〉에는 여섯 개의 스파크를 지구 통행권으로 바꾸어 지구에서 태어나는 영혼들이 등장해요. 그 모습이 무척 귀여워서 이 영화를 활용해 아이들이랑 '자기 탐구·자기 이해 교육'과 '진로 교육'을 해야겠다고 생각했어요. 조금 더 인문학적인 시각으로 접근하고 싶어서 이 책도 함께 묶어 자기 탐구 프로젝트를 진행했습니다.

아무것도 없는 백지 책을, 이게 정말 나일까를 읽으며 한 페이지씩 나의 이야기로 채우는 활동이었는데, 처음에는 부담스러워했던 아이들이 페이지가 채워질수록 자신의 책에 애착을 가졌어요. 마지막에는 나만의 책 전시회를 열고, 뒷면지에는 소감도 썼어요.

남이 바라보는 나

나의 스파크

『단점상점』

『단점상점』은 나의 단점을 장점으로 바꿔 생각해보게 하는 책이에요. 세상 모든 일에는 작용과 반작용이 있고, 장점은 때로 단점이, 단점은 때로 장점이 되기도 하니까, 아이들이 자신의 단점을 뒤집어 긍정적으로 생각해보고 자신을 사랑하는 사람으로 자라날 수 있길 바라며 한 활동이에요.

자신의 단점을 반영한 습관의 이름을 정하고, 생산 연도(나쁜 습관이 생긴 해), 효능 및 효과, 사용 시 주의 사항, 이 인물이 필요한 대상을 적도록 했어요.

나아가 자신의 취향도 장점도 당당히 인정하고 드러내는 어른으로 자라길 바라는 마음으로 '장점 돋보기 책'도 만들었습니다.

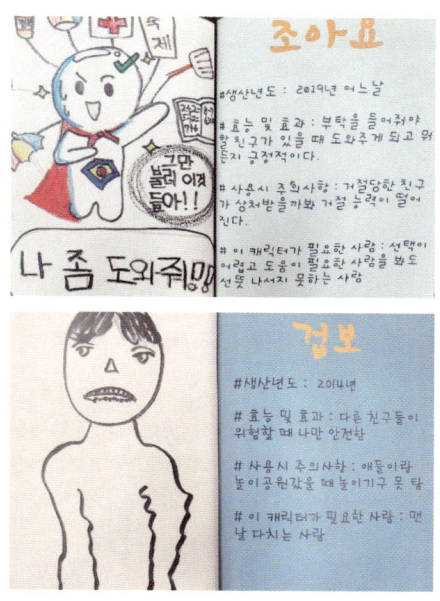

아이들이 작성한 자신의 단점

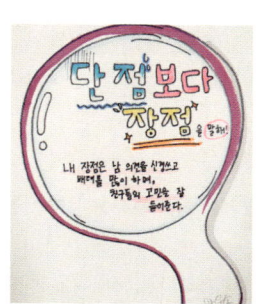

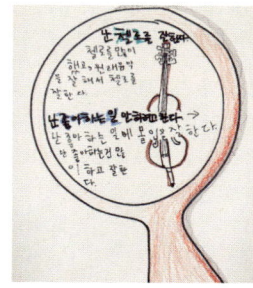

아이들이 만든 장점 돋보기 책

③ 우리 안에서의 평화 (관계 만들기)

| 그림책 읽기 | 학급 세우기 | 학급 특색 행사 |
|---|---|---|
| 친구와의 관계에 대해 생각해볼 수 있는 그림책 읽기 | 평화반<br>친절하게 도움을 베푸는 어린이<br>용서와 감사로 우의깊은 어린이<br>겸손하지만 끈기있게 노력하는 어린이 | • 백일 기념 행사<br>• 엉덩이로 책 읽기 대회 |

엉덩이로 책 읽기 대회 포스터    아이들과 함께 진행한 나눔 백일잔치

### Tip.

- **즐거운 학급 행사를 열어 우리 반의 소속감을 높여요**

    **1. 백일 행사**

    100일, 200일, 300일을 챙겨 우리의 특별한 인연을 기념하고 간단한 행사를 합니다. 100일에는 백설기를 먹고 보물찾기를 하고, 200일에는 2학기 학급 세우기 행사를 해요. 300일에는 크리스마스 행사 겸 한해를 돌아보는 연말 파티를 합니다.

    **2. 엉덩이로 책 읽기 대회**

    배지영 작가님의 『환상의 동네서점』(새움, 2020)을 읽고 군산 한길문고에서 했다는 행사를 그대로 따라 해보았습니다. 한 시간 동안 물도 마시지 않고 화장실도 가지 않고, 그야말로 '엉덩이를 떼지 않고' 책을 읽어야 하는 대회인데요. 전원 성공의 기쁨을 누리며 컵라면을 먹었어요. 집중해서 한 시간 책 읽기 미션을 마친 아이들의 얼굴이 뿌듯함으로 빛났습니다. 행여 다 읽고 시간이 남을까 봐 성경을 가져와 읽던 승훈이가 이날 최고로 준비된 학생이었습니다.

◆ **그림책으로 만나는 우리**

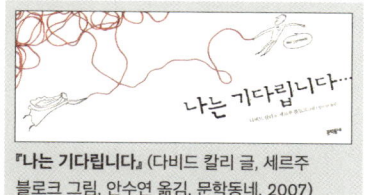

『나는 기다립니다』 (다비드 칼리 글, 세르주 블로크 그림, 안수연 옮김, 문학동네, 2007)

'우리는 모두 연결되어 있다'라는 이야기를 하고 싶어서 매년 3월 함께 읽는 책. 책을 다 읽은 후 학급 독후활동을 하면 자연스럽게 우리 모두 빨간 털실로 연결이 되는데, 그 순간 아이들은 언제나 손뼉 치며 좋아해요. 아름다운 마음이 모이는 순간이에요. 활동 순서는 다음과 같아요.

1. 첫 번째 아이에게 털실 뭉치를 주고, 그 아이가 다음 친구에게 "같은 반이 된 걸 환영해. 반가워, 1년 동안 잘 지내자" 말하며 털실 뭉치를 건네요.
2. 옆자리 아이를 제외한 친구에게 릴레이로 털실을 전달하면서 같은 말을 반복해요.
3. 환대의 말이 이어지고 결국 우리는 모두 연결돼요. 교사가 "우리가 모두 이렇게 소중한 인연의 실로 연결되었습니다. 이 인연의 실이 엉키지도 꼬이지도 않도록, 일 년 내내 우리 함께 잘 가꾸기로 약속해요" 하고 말해주면 순간적으로 분위기가 묵직해지고, 아이들 표정이 결연해져요.
4. 더 중요한 활동이 남아 있어요. 일명 되감기. 마지막 아이부터 거꾸로 전달하면서 "나도 반가워. 사이좋게 지내자!" 말하도록 해요.
5. 돌돌 말린 빨간 털실이 원위치에 돌아오면 끝나요.

돌돌 말린 털실

털실로 한데 연결된 아이들

『우리 반』 (김성범 글, 이수희 그림, 계수나무, 2019)

"그래서 모두 예쁜 꽃, 우리 반"이라는, 마지막 가사를 함께 부르면 좋은 노래가 있습니다. 길쭉한 꽃도 뚱뚱한 꽃도 빨간 꽃도 노란 꽃도 모두 저마다의 모습이라고, 우리도 그렇다고 기억할 수 있기를 바라며 함께 책을 읽고 노래를 불렀습니다.

④ 우리 지역, 환경과 평화

'환경 사랑 평화 지킴이'에서는 매월 말일 우유갑, 폐건전지, 폐휴대폰 등을 수거했습니다. 지구 지킴이 프로젝트와 연계해 지구 보호 캠페인 자료를 스톱모션으로 만들었어요.

| 환경 지킴이 활동 | 지구 보호 캠페인 자료 제작 및 캠페인 |
|---|---|
| 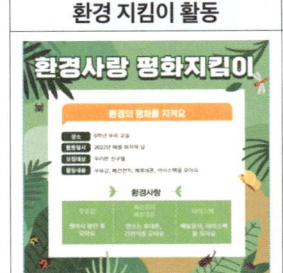 | 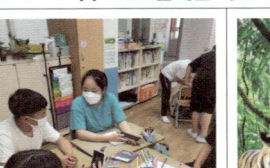  |

⑤ 통일 교육

| 현장 체험학습 | 평화 상상 토론하기 | 북한 여행 계획 세우기 |
|---|---|---|
| 난정 평화교육원 | 문제 발견하기(문제 카드)⇨해결 방안 찾기(평화 상상 카드)⇨자신의 생각을 정리하고 글쓰기로 진행했다. | 북한의 지리적, 문화적 특징을 탐구했다. |

매주 '평화' 시간을 갖는 것은 의미 있는 일이었습니다. 학급에 갈등이 생겼을 때도 아이들이 "선생님, 평화 시간에 이 주제로 회의해요"라는 말을 하곤 했습니다. 기본값으로 평화 시간이 있다는 것이 든든했어요. 눈에 보이지는 않지만 모두에게 꼭 필요한 '평화'라는 개념을 공식적으로 반복해 말함으로써 인식하게 되는 교육이었어요.

⑥ 세계 속에서의 평화

'선생님, 평화가 뭐예요?' 관련 슬로 리딩 활동지 예시

◆ 그림책으로 만나는 평화

『평화란 어떤 걸까?』 (하마다 게이코 글·그림, 박종진 옮김, 사계절, 2011)

『평화란 어떤 걸까?』를 읽고, 내가 생각하는 평화를 한 장의 그림과 문장으로 표현했어요. 언제 어느 페이지를 열어도 잔잔한 웃음이 나는 우리가 만든 이 책은 읽는 이에게 진정한 평화를 선사해요.

아이들이 글과 그림으로 표현한 평화

『거짓말 같은 이야기』 (강경수 글·그림 시공주니어, 2011)

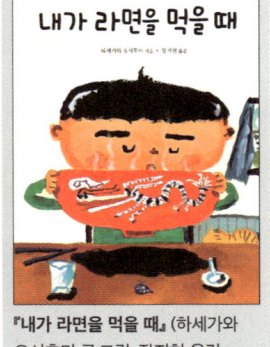

『내가 라면을 먹을 때』 (하세가와 요시후미 글·그림, 장지현 옮김, 고래이야기, 2023)

평화 교육과정을 운영하면서, 지구 어딘가에서는 지속적으로 전쟁이 벌어지고 있는 현실을 이야기하고 싶었어요. 『거짓말 같은 이야기』와 『내가 라면을 먹을 때』를 읽고 앰네스티 사이트에 들어가 우크라이나 각지에서 벌어진 폭격에 대한 뉴스를 읽었어요. 이 뉴스를 반영하여 '내가 학교에 있을 때'로 시작하는 글을 써 뉴스 내용을 넣은 학급 그림책을 만들었어요.

아이들이 뉴스 내용을 기반으로 만든 그림책 예시

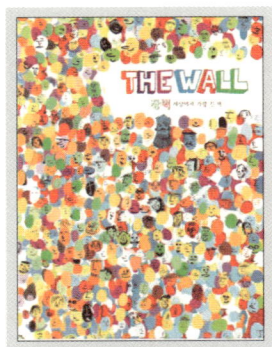

『장벽』 (잔 카를로 마크리, 카롤리나 차노티 글, 마우로 사코, 엘리사 발라리노 그림, 내인생의책, 2019)

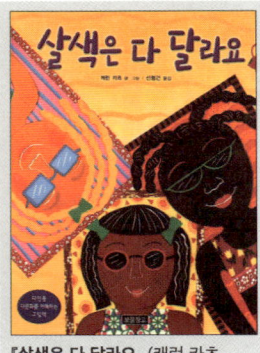

『살색은 다 달라요』 (캐런 카츠 글·그림, 신형건 옮김, 보물창고, 2011)

이 두 권은 '다양성'에 대해 이야기할 때 읽어준 책이에요.

『장벽』을 읽은 후에는 커다란 캔버스에 우리 반 모두의 손을 본떠 그리고, 각자 자기 손을 색칠한 후 지끈으로 모든 손을 연결했어요.

『살색은 다 달라요』를 읽은 후에는 자신의 피부색을 최대한 살린 자화상을 그리며 살색은 개인에 따라 다른 것임을 배웠습니다.

다양성을 주제로 만든 아이들 작품

『**시리아에서 온 소년**』 (캐서린 마시 지음, 전혜영 옮김, 미래인, 2019)

공존과 포용을 담은 책, 『시리아에서 온 소년』은 난민 문제를 깊이 고민해볼 수 있는 책이에요. 시리아 난민 '아흐메드'와 벨기에 소년 '맥스'가 그리는 우정 이야기를 담은 이 책은 교육과정 내용상 6학년 2학기 온작품으로 읽기에 최적이라고 생각해 선정했어요. 아이들에겐 조금 두꺼운 편이지만 챕터가 아흐메드와 맥스의 입장에서 이중 구조로 흘러가고, 사건 진행이 빨라 쉽게 몰입할 수 있었어요.

이처럼 스며드는 교육을 위해 연간 매주 금요일 1, 2교시에 운영한 '평화 시간'은 우리만의 색이 되어 안정된 분위기를 만들어주었어요. 사실 평화교육이라는 타이틀을 내세우지 않아도 교실에서 해온 활동들도 있지만 빛나는 구슬들을 '평화교육'이라는 줄에 꿰니 멋진 목걸이가 완성되었어요. 각각의 교실에 흩어진 보석들도 잘 꿰어 멋진 목걸이를 만들어보세요. 선생님께서 주안점을 두고 운영하는 내용, 아이들이 원하는 내용이 바로 교사 교육과정의 씨앗입니다.

# 나도 작가, 어린이 작가 되기

그림책 창작

# 1 교실에서 그림책은 왜, 어떻게 읽나요?

파블로 네루다의 『질문의 책』에는 "나였던 그 아이는 어디 있을까"라는 문장이 나옵니다. 아직 내 마음에 있는 그 아이, 점점 흐려지기도 때로는 무척 선명해지기도 하는 그 아이. 나이가 들어도 저는 어린 '나'를 마음에 간직하고 살아요. 바꾸어 말하면, 저와 보내는 어느 하루가 우리 반 아이가 평생 기억하는 시간이 될 수도 있다는 말이지요. 교사로 살면서 종종 타인의 삶에 끼치는 저의 영향력을 생각해요.

매일 어느 한 사람의 어린 날의 '하루'를 만나는 사람으로서, 아이들의 '오늘'을 아름답게 가꿔주고 싶어서 함께 읽기 시작한 것이 그림책이에요. 짧고 간단하지만 깊고 선명해서 많은 것을 담고 있는 그림책 세상에는 무슨 이야기든 다 있고, 누구든 만날 수 있지요. 그림책을 읽다 보면 순간적으로 울컥할 때가 있는데, 그럴 때 흘리는 눈물은 저를 그림책의 세계로 인도했어요. 많은 그림책이 제 마음을 쿵 울리고, 멈춰 서게 했고 자연스럽게 저는 그림책 읽어주는 선생님이 되었어요.

그림책을 읽어줄 때면 저는 아이들 곁에서 어린이가 되고, 우리는 그림책 모임 회원이 되어요. 그림책으로 마음이 통하는 경험은 나의 경계를 허물고, 우리 사이의 벽을 허물고, 날것의 무엇을 공유해 서로가 서로에게 가닿게 해주었어요.

처음에는 읽어주기만 하다가, 아이들 마음을 듣고 싶어 함께 읽은 책으로 마음을 나누는 활동을 했어요. 각자의 감상을 담은 활동지를 모아서 우리 반 학급 그림책으로 엮고 교실에 전시했어요. 우리 반 학급 그림책이 한 권 두 권 쌓일수록 우리 사이엔 이해가 넓어졌어요.

'나는 이런 아이야. 너는 그런 아이구나.'

자연스럽게 처음 만난 3월에는 나를 탐구하고, 우리의 관계를 형성하는 데 도움이 되는 그림책을 읽어요. 앞서 보여드린 평화 교육과정도 그 흐름이었고요. 또, 교과 시간에 다루는 주제와 어울리는 그림책도 수시로 읽어요.

우리반 학급 그림책이 한 권씩 쌓일 때마다 어린이들은 미처 알지 못했던 친구의 또 다른 면을 이해하게 됩니다. 그렇게 우리만의 문화와 연대감이 형성되고, '그렇구나' '그래도 괜찮아' 하게 되지요. 자연스럽게 서로를 바라보는 시선이 조금은 부드러워지고 자연스럽게 2학기의 그림책 창작 수업으로 연결됩니다.

학급 그림책을 만들면서 책의 독후활동 같은 초보적인 표현활동에서 벗어나 마음껏 자기 안의 이야기를 풀어내어 틀 없이 자유롭게 이야기를 만들 수 있게 돕고 싶었어요. 그래서 출간 기획서를 만들어 '어린이 작가 되기 프로젝트'를 몇 년째 운영하고 있습니다.

창작 수업에서는 그림책을 통해 쌓아온 우리의 단단한 관계를 바탕으로 스스럼없이 생각을 표현하고, 이야기를 공유하며 확장하고, 캐릭터와 사건을 구축해나갑니다.

 ## 어린이 작가 되기 출간 과정 하나, 둘, 셋!

아이들과 야심 차게 '그림책 작가 되기'를 약속하더라도 아무 도구도 없이 나아갈 수는 없어요. 그래서 저는 '어린이 작가 되기 출간 기획서'를 제작하여 약 20차시에 걸쳐 한 단계씩 차근차근 진행합니다.

　몇 년 전 처음 작가 되기 프로젝트를 할 때의 기획서는 아주 간단한 개요였는데요. 제 관심 분야이다 보니 개인적으로 교육청 연수도 듣고, 관련 교육을 하시는 선생님들의 SNS에서 정보도 찾아보고, 개인 공부를 통해 기획서를 계속 업데이트하여 내용을 점차 풍성하게 늘렸습니다. 일반적으로 16면으로 구성되는 그림책의 형식에 맞게 작성한 기획서를 따라가며 제가 20차시의 수업을 어떻게 꾸렸는지 살펴볼게요.

**1차시: 그림책 글을 쓰기 위한 준비 질문들**

보통 내 삶에서 가장 의미 있는 사건이나 장면이 그림책 소재가 되어요. 브레인스토밍할 수 있는 여러 질문을 던지고 생각할 시간을 충분히 주고, 수용적인 분위기에서 자유롭게 발표하고 나눌 수 있게 해주세요. 생각을 풍성하게 하기 위해 이미지 카드를 활용해도 좋습니다. 마음껏 늘어놓은 여러 아이디어 중에서 내 이야기로 삼고 싶은 이야기를 다음 시간까지 표에 작성해 오도록 합니다.

### 2차시: 내가 만들 그림책 구상하기

생각해 온 이야기를 공유하고 내가 만들 그림책에 대해서 주제, 제작 이유, 독자, 표현 재료 및 도구, 그림책 판형 등을 생각해봅니다. 다양한 주제, 재료, 판형의 여러 그림책을 예시 자료로 준비해두었다가 보여주면서 진행하면 더 좋아요. 예시는 많을수록 좋으니 교실에 그림책이 부족하다면 도서관에서 빌려와 활용하세요. 창작활동의 특성상 마감일을 꼭 설정하고 공지합니다.

### 3차시: 그림책의 얼개를 짜요

세 번째 시간입니다. 내가 만들 그림책의 주인공은 누구인지 정하고, 그림책 속에서 벌어질 사건도 생각하여 정리합니다. 사건은 나중에 정리하여 가지치기하면 되므로 일단 생각나는 대로 자유롭게 적도록 합니다. 다양한 사건들은 다음 단계인 이야기 정리하기 단계에서 순서를 정해도 됩니다.

### 4~6차시: 이야기 정리하기

4차시에는 동화의 구성인 이야기의 흐름을 설명합니다. 시작-전개-절정-결말의 이야기 구성, 절정이나 갈등과 같은 개념은 물론, 동화와는 다른 그림책만의 특징도 설명합니다. 그림도 이야기의 주요 소재이며, 글과 그림이 어우러져 이야기를 구성한다는 것을 알려주어요. 꼭 기승전결로 이루어지지 않더라도 내가 표현하고 싶은 주제를 깊이 표현하면 된다는 것을 다양한 그림책을 예시로 들어 안내합니다.

5차시까지 이야기의 뼈대를 잡고, 6차시에는 전체 이야기를 친구들과 공유하고 이야기를 확장할 수 있는 합평 시간을 가집니다.

이 과정에서 저는 이야기의 중심을 잡고 확장할 수 있는 아이디어를 보태어 엉뚱한 방향으로 이야기가 번지지는 않는지, 보다 풍성하게 표현할 수 있는 방법은 없는지 등을 살핍니다.

기획서의 초기 단계는 앞으로의 과정에 전반적으로 영향을 미치는 매우 중요한 과정이므로, 이 과정까지는 교사가 특별히 더 신경 써서 검사하고 첨삭해주면 앞으로의 과정이 훨씬 수월합니다.

### 7~10차시: 섬네일 구성하기

섬네일은 손톱 크기의 작은 그림을 의미합니다. 내가 생각한 이야기를 간단한 그림으로 표현해보면서 이야기의 표현을 미리 한번 살펴보고 대략의 결과물을 예상해볼 수 있는 도구입니다.

이야기의 장면 숫자는 그림책 한 바닥을 의미하며, 열여섯 바닥은 32쪽의 그림책 이야기를 구성합니다. 이 개념을 아이들에게 설명하여 자신이 잡은 이야기 뼈대를 섬네일로 옮겨 표현하도록 합니다.

내가 표현하고 싶은 그림을 어느 위치에 배치할지 생각해보도록 합니다. 또, 대사는 어떻게 표현해야 전달하고 싶은 메시지나 이미지가 잘 전달될지 고민하여 구성하도록 안내합니다. 가운데 선이 한 바닥 면지 가운데를 가른다는 사실을 설명하고, 그림이나 글씨가 잘리지 않도록 주의하라는 당부도 전합니다.

### 11차시: 제목 정하고 합평하며 내용 확장하기

전체 이야기를 구성했으니, 이를 반영하여 제목을 정합니다. 제목까지 정한 후에는 체크리스트를 작성하여 보완할 점은 없는지 점검하고, 보충합니다. 완성한 섬네일도 친구들과 바꿔보며 조언하여 아이디어를 더욱 풍성하게 확장하도록 합니다.

**12~19차시: 그림책 창작의 시간**

이제 드디어 그림책 창작의 시간입니다. 하지만 이미 시간이 늦어진 경우도 많을 거예요. 생각보다 앞의 과정들이 시간이 많이 소요되기도 하거든요. 다그치지 않고 많은 의견을 자유롭게 주고받다 보면 종종 생기는 현상입니다. 그럴 때는 초반 과정을 함께 하고, 중반 이후부터는 매주 시간을 정해 검사하면서 마감일까지 점검하며 나아가도 됩니다. 자기 그림책을 채워가는 재미를 느낀 아이들은 이제 쉬는 시간에도 그림책을 만드는 모습을 보이기도 하거든요.

**마감일: 어린이책 제출 및 책 제작하기**

마감일이 되면 자신의 작품을 제출합니다. 이제 아이들의 작품을 책으로 제작해야 하는 단계입니다. 차시로 잡지 않았지만 이 단계가 선생님들의 노력이 많이 드는 과정입니다. 아이들이 그린 원화를 스캔하거나, 온라인 앨범 제작 사이트 등을 활용하여 실물 책을 제작해야 하기 때문입니다. 글씨가 조금 삐뚤빼뚤해도, 그림책 제작을 완성하고 보면 아이들의 필체가 가장 예쁘지만 인쇄 글씨를 원하는 어린이가 있다면 PPT에 스캔 그림을 얹고 텍스트를 추가합니다.

**20차시: 출간 기념회 및 '우리 반 작가와의 만남' 행사**

제작된 책이 완성되어 오면 마지막 출간 기념회를 엽니다. 출간 기념회에서는 작가가 자신의 책을 낭독하고 독자들과 감상을 나누거나 질문을 주고받습니다. 모든 행사를 마친 후에는 자기 평가와 성찰 노트를 작성하고 전체 내용을 마무리합니다.

#  그림책 제작 과정

## ① 이야기 구상하기

이야기 구상하기 단계는 학생들에게 '할 수 있다'라는 믿음과 자신감, '해야 한다'라는 약간의 부담감, '하고 싶다'라는 욕구를 자극해야 해요. 전체 이야기의 뼈대를 잡고 나아갈 방향을 잡는 과정이기 때문에 모든 의견을 수용하고 최대한 마음껏 표현할 수 있게 도와줘요.

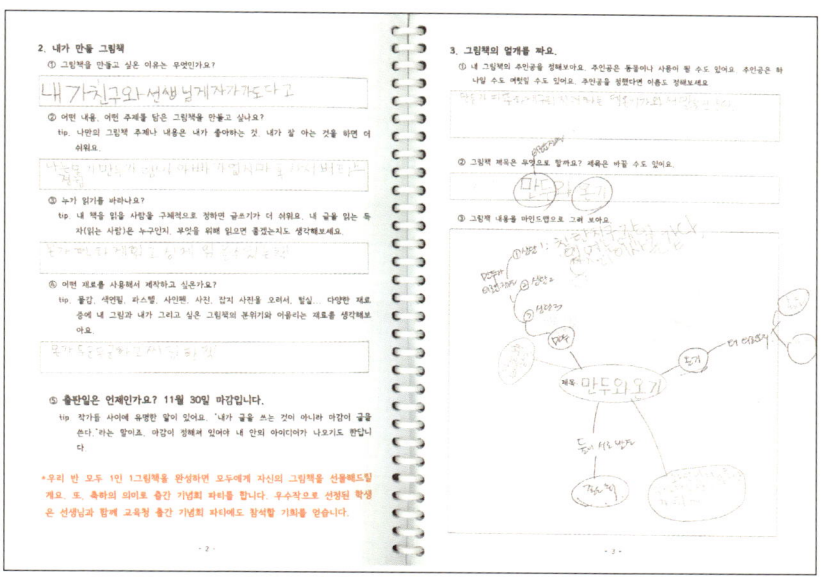

아이들 활동지 예시

② 이야기 확장하기

각자 작성한 이야기를 돌려보며 내 이야기를 소개하고(상황, 인물, 사건 등), 서로서로 아이디어를 제시하여 도움을 준다면 이야기가 훨씬 더 풍성해집니다.

내가 제작한 이야기를 서로 돌려 보며 아이디어를 더하는 아이들

**Tip.**

• **비판은 No! 대안이 있는 건강한 조언이 좋아요!**
　서로의 이야기를 공유하면서 아이디어를 추가해 더 멋진 이야기가 될 수 있게 도와달라 부탁하고, 창작의 싹을 짓밟는 비난이나 비판은 최대한 자제하여 어린이 작가로서 예의를 지키기로 약속해요.

③ 섬네일로 전체 작품 한눈에 미리 보기

전체 장면을 이야기 구조가 나오면 글과 그림으로 섬네일에 앉혀봅니다. 열여섯 장면에 자신이 구상한 모든 이야기가 들어간 것을 보고 고칠 점이나 부족한 점을 보완하도록 해요.

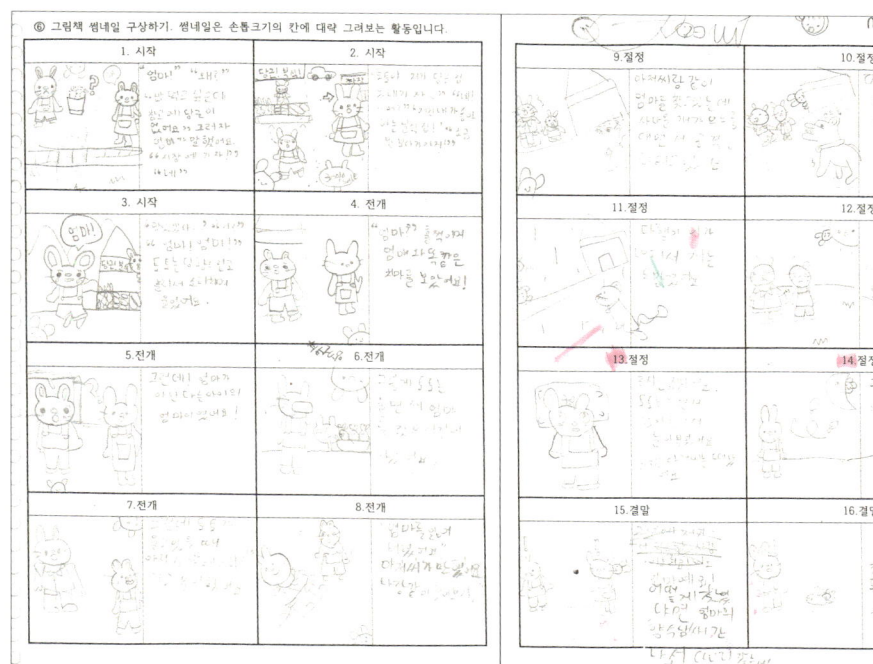

아이들이 작성한 섬네일 예시

### ④ 그림책 창작하기

나만의 그림책은 사진이나 다양한 미술 도구 등을 활용하여 자유롭게 표현하도록 하고, 교실에 그림책 창작을 위한 코너를 마련해 다양한 재료와 도구를 준비해두고 언제든지 활용할 수 있도록 합니다.

> **Tip.**
> - 표현 기법 및 도구
>   - 채색: 물감, 색연필, 사인펜, 파스텔, 오일 파스텔, 아크릴 물감, 패브릭 물감 등
>   - 종이 찢어 붙이기: 잡지와 신문, 색종이, 색지 등
>   - 일상 소품 활용하기: 털실, 가죽, 패브릭, 지끈, 플라스틱 등
>   - 사진 촬영하기: 생활 속 여러 재료를 활용하여 사진 찍어 스토리 구성하기

## ⑤ 어린이 작가 그림책 감상하기
### 가. 목각 인형 사진 그림책

어린이와 '창작'을 해보고 싶어 시도했지만, 어떻게 해야 할지 막막했을 때, 동료 선생님이 목각 인형을 활용해보라고 조언해주셨어요. 그래서 목각 인형을 들고 동네 공원에 나가 사진을 찍어 표현했습니다. 목각 인형 사진으로 그림책을 만드는 방법은 다음과 같습니다.

1. 학생들과 '내가 만들고 싶은 그림책' 브레인스토밍하기
2. 섬네일로 내 이야기에 필요한 사진 구상하기
3. 목각 인형을 들고 학교 인근 놀이터와 공원으로 아이디어 여행 떠나기
4. 나의 이야기에 어울리는 장면을 연출하여 목각 인형을 배치하고 사진 촬영하기
5. 사진을 배치하고, 어울리는 글을 써서 이야기 꾸미기

　완성된 아이들의 원화는 스캔하여 앨범 제작 사이트를 활용하여 책의 형태로 제작합니다. 단가가 비싸긴 하지만, 내지 종류나 책 크기를 조정해 가격을 맞출 수 있어요. 자신의 그림이 정말 '책'의 형태가 되어 나온 것을 본 아이들은 무척 행복해합니다. 어린이의 손 글씨가 담긴 그림책이 가장 예쁘지만, 필체에 자신이 없어 프린트된 글씨를 원하는 아이의 경우에는 PPT에 그림을 얹고 텍스트를 삽입하여 제작하면 됩니다.

　책이 완성되면 낭독회를 열어 모두 감상합니다. 별점을 매겨 우리 반 이야기를 선정했는데 '놀이터에서 온종일 놀기'가 뽑혔어요. 특별한 사건 없이 하루 내 놀이터에서 놀기만 하는 이야기가 1위로 선정된 것이 마음껏 자유를 즐기지 못하는 아이들의 삶을 보여주는 것 같아 안타까웠습니다. 책은 모두 교실에 전시하여 언제든 읽을 수 있게 하였어요.

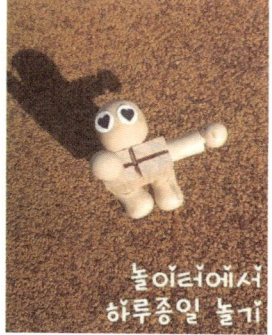

아이들이 완성한 목각 인형 사진 그림책

> **Tip.**
>
> • 개인 활동이라고 했는데 목각 인형이 여러 개인 책도 있네요?
>
> 처음에 개인 그림책을 구상하고 출발했는데 막상 나가서 목각 인형을 놓고 사진을 찍으니 아이들이 모둠으로 하고 싶어 했어요. 그래서 아이들이 찍은 사진은 넉넉히 인쇄하여 꼭 내가 찍은 사진이 아니어도 자유롭게 활용하여 이야기를 구상하도록 하였습니다. 이야기가 처음 생각했던 것보다 훨씬 풍성해졌어요.

## 나. 수채 그림책

섬네일 작업 후, 교실에 그림책 창작 코너를 만들어 다양한 수채 도구와 재료들, 목공풀 등 접착제, 그리고 도화지 500장 묶음을 준비해두었어요. 그림책 창작을 하려면 1인당 표지 1장과 속지 16장이 필요한데, 실수로 인해 다시 그릴 것까지 생각해 도화지는 넉넉히 준비하고 다른 재료들도 언제든 쓸 수 있게 해주었어요.

이제부터는 나와의 싸움입니다. 칠판에 적어둔 마감일을 꼭 지켜야 한다고 독려하고, 매주 정기적인 검사 날을 정해 진행 상황을 점검했어요. 그렇게 해서 다음과 같은 작품들이 나왔습니다.

우연히 발견한 시간을 파는 상점에서 시간을 산 민재가 겪는 이야기

집에서 못 보던 상자를 발견한 지아와 유민이. 상자에는 무엇이 들어 있을까요?

기다리던 생일, 파티 준비를 위해 찾은 마트에서 엄마를 잃어버린 가원이. 가원이는 어떤 생일을 맞이할까요?

고양이를 입양한 경험을 담은 이야기. 가족에게 무엇보다 큰 선물이 된 그림책이다.

출간 기념회까지는 아직 일정상 여유가 있는데, 성실히 작업한 아이들 몇이 일찍 마쳤어요.

"선생님 한 권 더 만들어도 돼요?"

"그럼!"

그렇게 '나는 싫어합니다' 책이 탄생했어요. 실을 활용하여 '내가 싫어하는 것'을 표현한 책으로, 그러한 점을 살려 제목의 'ㅎ'은 채색하지 않았어요.

아이디어 회의와 작품 활동을 하는 동안, 저한테 조르르 달려와 질문하는 아이들에게 늘 고마웠어요. 무엇보다 이 책은 3월에 함께 읽었던 그림책 『나는 기다립니다』를 떠오르게 했어요. 아이들의 마음 한구석

『나는 싫어합니다』의 표지와 한 장면. 페이지마다 실이 무엇을 표현하는지 보는 재미가 있다.

3부 | 교사 교육과정 운영의 확장

에 씨앗으로 남아 있던 그 책이 이렇게 발아한 것 같아 무척 기뻤어요.

### ⑥ 그림책 출간 기념회로 우리 반 작가와의 만남 행사하기

그림책을 만드는 데 두 달가량의 시간이 걸렸어요. 힘들고 어려운 창작의 과정을 모두 겪어내고 '나만의 창작 그림책'을 가슴에 품은 아이들에게 정식 행사를 통해 큰 박수를 보내주고 싶어 출간 기념회를 진행했어요.

그동안 창작 시간마다 칠판에 걸었던 무지개 나비가 오늘도 우리를 응원해주었어요. 우리 반 어린이 작가님들은 자신의 그림책을 낭독했고, 독자인 친구들은 이야기를 듣고 감상평을 발표하거나 질문했어요. 선생님과 학생 사이, 친구 사이를 넘어 서로 작가와 독자가 되어 마주하는 우리만의 따뜻한 시간이었습니다.

출간 기념회에 참석한 아이들

( 부록 )

# 우리 동네에 두 발 딛고, 세상 속으로!

## 마을 연계 교육과정

# 1 마을 연계 교육과정과 교사 교육과정의 연결

새 학교에 발령이 나면 '이곳'은 어떤 모습인지 탐구의 눈으로 동네를 관찰합니다. '우리 아이들이 사는 곳은 어디인가?' 하는 질문을 가슴에 안고서요. 교사인 제가 우리 학교가 위치한 동네, 마을을 파악하는 것은 교육과정 운영에 매우 중요하기 때문입니다.

인지학의 창시자이자 발도르프 교육의 기본 토대를 마련한 슈타이너는 "인간은 거대한 유기체적 우주에 대한 작은 소우주이며, 인간이 자신의 존재와 위치를 인식하는 것이 중요하다"고 했습니다. 따라서 아이들이 자신이 사는 동네에 켜켜이 쌓인 역사를 알고, 과거와 현재의 모습을 이해하는 것은 스스로 발 딛고 선 곳에 단단히 뿌리를 내릴 수 있는 방편이자 자신을 사랑하는 방법일 것입니다.

마을 연계 교육은 학생의 삶과 앎을 연결해주고자 하는 교사 교육과정의 취지와도 일맥상통합니다. 그렇기에 저는 이 동네의 의미 있는 역사, 자연환경, 문화유산을 찾아 교육과정 내용과 부지런히 엮습니다. 학생들은 마을과 연계한 교사 교육과정을 통해 뚜벅뚜벅 동네를 걷고, 마을 지도를 그리고, 동네 사람들을 면담하며 우리 지역의 사람들과 산업을 이해합니다. 높은 곳에 올라가 한눈에 조망하여 사진을 찍어 우리 동네의 다양한 모습을 전시하기도 하고, 자연에 들어가 우리 동네에 사는 나무와 풀, 새 들을 관찰하기도 합니다. 더 나은 동네의 모습을 갖추기 위해 개선해야 할 점을 찾아 제안하는 글을 보내어 우리가 주체적으로 목소리를 내는 것이 삶을 변화시킨다는 것을 직접 경험하기도 합니다.

　마을 연계 교육은 독자적으로 운영했다기보다는 다른 교과 운영 중 필요한 차시에 적절히 조합하여 운영해왔기에 다양한 마을 연계 교육의 아이디어를 공유할게요.

　마을과 교육과정을 연계하기 위해, 크게 세 가지 범주로 나누어 생각해볼 수 있습니다.

| 자연환경 | 물리적 환경 | 인적 환경 |
|---|---|---|
| • 산<br>• 천<br>• 호수<br>• 공원 | • 시청, 구청, 법원, 시의회, 우체국, 소방서, 경찰서 등 관공서<br>• 미술관, 박물관, 생태전시관, 도서관, 연주홀 등 문화시설<br>• 극장, 볼링장, 롤러장 등 교과 지도와 연계 가능한 장소<br>• 각종 공방 및 동물병원 등의 개인 사업장 | • 국악, 장구 등 음악 강사<br>• 배드민턴, 농구, 축구, 크리켓, 태권도, 주짓수 등 체육 강사<br>• 도예, 수채화, 판화 등 미술 강사<br>• 진로, 직업교육<br>• 숲 체험 등 생태교육 |

# 학년 교육과정에 마을이 들어오다

다음은 제가 실시했던 마을 연계 교육과정 사례입니다. 해당 학년은 제가 실시했던 학년에 근거하여 적합한 학년을 적었습니다.

| 학년 | 연계 과목 주제 | 활동내용 | 자연환경 | 물리적환경 | 인적환경 |
|---|---|---|---|---|---|
| 4학년 | 과학 | 우리 학교 식물 도감 | ○ | | |
| 전학년 | 과학, 창체 | 인근 숲의 사계절 자연 관찰 | ○ | | |
| 전학년 | 생태 | 생태전문가와 함께 동네 산 탐방 | ○ | | ○ |
| 3학년 이상 | 역사 | 산 정상에 올라 동네의 모습 관찰<br>사진 찍어 전시하기 (버드아이 전망) | ○ | | |
| 전학년 | 생태 | 뒷산에 새집 만들어 달기 | ○ | | ○ |
| 전학년 | 역사, 미술, 음악, 국어 | 지역의 박물관/과학관/미술관/공연장 프로그램 활용 및 관람 | | ○ | |
| 3,4학년 | 사회, 국어 | 지역의 관공서 탐방(소방서, 경찰서, 우체국) 및 직업인과의 대화 | | ○ | |
| 3학년 | 사회 | 우리 동네 마을 지도 그리기 | ○ | ○ | |
| 3,4학년 | 국어 | 우리 동네의 어른 면담하기 | | | ○ |
| 6학년 | 체육 | 볼링장 + 인라인스케이트 | | ○ | |
| 전학년 | 미술 | 스튜디오 사진 촬영, 전시 | | ○ | |
| 5,6학년 | 실과 | 유기농 화장품 만들기, 비누 만들기 | | ○ | ○ |
| 전학년 | 동물복지 프로젝트 | 모루인형 동물 키링 만들기 | | ○ | ○ |
| 5,6학년 | 미술 | 가죽공예로 소품 만들기 | | ○ | |
| 3학년 이상 | 미술, 역사 | 과거 동네 사진과 같은 구도에서 사진 찍어 비교 및 대조하고, 세밀화 그리기 | ○ | | |
| 전학년 | 행사 | 학교 음악회에 지역 중창단 무대 마련 | | | ○ |
| 전학년 | 인권, 다양성 | 다문화 교육: 지역 다문화센터를 통한 의뢰 | | | ○ |
| 전학년 | 봉사, 음악 | 노인정, 요양원, 등 복지시설에 방문하여 공연 | | ○ | |
| 5,6학년 | 봉사 | 독거노인 가정에 연탄 배달, 김치 나눔 행사 | | | ○ |
| 3학년 이상 | 국어, 사회 | 제안하는 글쓰기: 담배꽁초가 모여 있는 아파트 후미진 곳 경찰서에 순찰 제안 | | ○ | |

| 3학년 이상 | 국어, 사회 | 제안하는 글쓰기: 학교 앞 횡단보도 페인트 구청에 도색 요청 | ○ | |
| 3학년 이상 | 국어, 사회, 미술 | 제안하는 글쓰기: 아파트에 분리수거 안내 푯말 게시 제안 및 푯말 게시 | ○ | |

　이러한 교육과정을 경험하는 과정에서 학생들은 내가 어디에 살고 있는지 탐색하게 됩니다. 자신이 사는 곳과 '연결'되어 주변에 더 깊은 관심을 기울이고, 일상이 펼쳐치는 마을에 뿌리내려 마을을 중심으로 더 넓은 곳까지 시야를 확장하게 되지요.

　마을 연계 교육과정을 운영하는 데 있어 가장 큰 어려움은 '정보'입니다. 우리 마을에 무엇이 있는지 인력 풀이 어떠한지 등 내가 하고 싶은 교육 내용에 활용하기 적합한 자원들에 대한 정보요. 요즘에는 각 교육청에 학교·마을 협력과도 설치되어 있고, 마을의 자원과 교육을 연결하는 것과 정보제공의 필요성을 느낀 교육청도 자료 및 정보를 제공하기 위해 다양한 사업을 하고 있으니 교육청의 자료들을 활용하여 선생님께 필요한 자료를 활용해보세요.

　꼭 이런 교육청 프로그램을 활용하지 않더라도 선생님께서 프로그램을 개발해 우리 마을을 더 이해하고 사랑할 수 있는 교육을 해볼 수 있습니다. 저는 올해의 '어린이 작가 프로젝트'에서 우리 학교를 주제로 수필을 써볼 예정이에요. 나에게 특별히 의미 있는 장소(우리 가족의 추억이 남아 있는 김치만둣집, 엄마랑 특강 수업을 듣던 동네 책방, 친구랑 하굣길에 컵볶이를 먹던 분식집, 내가 좋아하는 가로수 등)를 찍은 사진까지 곁들여 우리 학교 책을 만들어볼 생각이에요. 마을 연계 교육과정으로 우리의 이야기를 함께 간직하여 이곳에 두 발 딛고, 세상 속으로 내디디는 발걸음이 조금 더 힘찰 수 있기를 바라면서요.

> 에필로그

# 도착, 그리고 새로운 시작

키 51센티미터, 몸무게 2.8킬로그램으로 태어난 딸아이는 이제 눈을 맞추고 대화하려면 올려다봐야 할 정도로 자라났어요. 고물고물했던 신생아 시절을 생생히 기억하는 저로서는 아기였던 그 몸이 이렇게 커진 것이 가끔 놀라워요. 그뿐만 아니에요. 2년 가까이 독백하듯 일방적인 대화를 나누었던 아이는 이제 때로 저를 위로하는 말로 마음을 데워주어요.

어린이는 참 신비로운 존재입니다. 당연하게도 어린이는 매 순간 성장하지요. 키가 크고, 몸무게가 늘고, 보이지는 않지만 마음이 자라요. 저는 어린이의 마음이 매일같이 피어나는 이 교실에서 '나는 어떤 어른인가' 종종 생각합니다.

제가 하는 말과 행동으로 장차 살아갈 사회에 대한 감각을 쌓아갈 어린이가 희망의 눈으로 미래를 그리기를, '배움은 즐거운 것이구나'라고 느끼고, 배우는 것을 좋아하는 사람으로, 하고 싶은 것이 무엇인지 아는 사람으로 성장하길 바라요. 하지만 매일 치열한 삶이 쉼 없이 굴러가는 교실에서 따로 시간을 내기란 쉽지 않죠. 그래서 교실에서 좋은 배움이 오가길 꿈꾸는 그 마음으로 하루하루 준비하고 실천했던 것이 바로 '교사 교육과정' 수업이에요.

    교육과정 디자인을 통한 '교사 교육과정' 수업은 긴 호흡과 시각으로 밀도 있게 끌고 나가야 하므로 꼼꼼한 준비가 필요해요. 하지만 일단 프로젝트를 시작하자 우리는 점차 몰입하며 배움이 깊어지는 수업 과정 속에서 생생히 살아 있는 시간을 보냈어요. 몰입이 깊어질수록 우리의 마음은 자주 서로에게 가닿았고, 그 감각은 커다란 기쁨을 주었어요. 교사 교육과정을 운영하는 동안 수업은 학생들뿐 아니라 교사인 제 앎과 삶도 연결해주었고, 그 여정에서 아름다운 장면을 많이 만났어요. 아이들이 건네는 보석 같은 말들은 저를 가슴 뛰게 했고, 교사로서 살아가는 힘이 되어주었어요.

    하지만 오늘날의 교육 현실상 많은 선생님이 마음의 멍을 내색하지 않은 채로 살아가지요. 제 교실도 뭔가 미묘하게 달라졌어요. 우리 사이에 불편한 투명막이 생기기라도 한 듯 저도 모르게 말과 행동을 조심하게 되었어요. 하지만 이는 좋은 어른이고자 하는 의도가 아니라, 두려움에서 기인한 조심스러움이었어요. 어느새 저는 혼자 있을 때만 아이들과의 아름다운 장면들을 조용히 꺼내 보며 하루하루를 살아내고 있었어요. 그런 저의 마음을 보듬고 울린 것은 제 곁의 평범한 동료 선생님들이었어요. 아이들 때문에 힘들어도 아이들 때문에 다시 일어서는, 아이들에게 뭐 하나라도 좋은 것을 주고 싶어 바쁘게 뛰는, 여전히 아이들과 웃고 툭탁거리며 하루를 보내는 옆 반 선생님이요. 그런 선생님들을 보면 '저렇게 빛나는 선생님들이 교실에서 아이들과 반짝이고 있구나' 하는 생각에 위로받았어요.

그러던 중 안나진 선생님의 교실 에세이, 『이토록 아이들이 반짝이는 순간』을 읽었어요. 무심코 읽기 시작했다가 책장을 넘길수록 점점 심장이 뛰었어요.

'교실은 이런 곳이었지. 나에게도 이런 아이들이 있었지, 나는 이런 일을 하는 사람이지.'

아름다운 교실 이야기가 저에게 큰 힘이 되었어요. 제 마음속 빛나는 순간도 어쩌면, 혼자 있는 교실에서 외롭게 버티며 하루를 감당하고 있을 누군가에게 가닿을 수 있겠다는 생각이 들었어요. 이 글을 읽는 분도 저처럼, 평범하지만 치열했던 어느 교실 이야기를 만나 공허한 마음을 달랠 수 있으면 좋겠습니다. 제가 아이들에게 받은 순수한 마음을 이 글을 읽는 독자분들께 보내드립니다. 먼저 뚜벅뚜벅 걸었지만, 여전히 휘청이는 제 손을 잡고 함께 걷길 꿈꾸면서요.

이야기를 쓰는 동안 잠을 잘 수가 없었어요. 이제는 모든 게 착 가라앉아 퇴색된 줄 알았던 장면들이, 뚜껑을 열었더니 반짝 빛을 내뿜으며 생생하게 살아났어요. 반짝이는 순간들, 사진 속에서 느껴지던 그날의 공기, 대화, 감촉 들이 저를 멈추지 못하게 했어요. 쓰다 보니 정말 많은 이야기가 제 안에 있었어요. 행복으로 충만했던 순간, 잊고 있던 아이들과의 대화들이요. 누군가에게 도움이 될지도 모른다는 생각으로 시작한 기록은 저 스스로에게 가장 큰 위안이 되었습니다. 괜찮다고, 그럴 수도 있다고, 어느 날의 내가, 그때의 아이들이 손을 내밀었어요. 누구보다 이 책에 등장한 수많은 장면에서 걸어 나와 저를 안아주던 우리 반 친구들에게 깊은 감사를 보냅니다. 저와 보냈던 그 '오늘'이 뚜벅뚜벅 성장하는 내일의 추억이 되길 바랍니다.

끝으로, 부족한 제 글을 정성스럽게 읽어주시고, 책이 되어 나올 수 있게 이끌어주신 여문주, 이선진 편집자님께 깊은 감사를 드립니다.

바쁘게 지내느라 함께하는 시간이 부족해도 늘 이해하고 지켜봐주며 지지해주는 배우자와 두 딸, 그리고 양가 부모님께 깊은 감사와 사랑을 전합니다.

마지막으로 제 글을 끝까지 읽어주신 독자분들께 고개 숙여 깊은 감사를 드립니다.

## 처음 만나는 교사 교육과정
2022 개정 교육과정 설계를 위한 주제별 수업 사례

**1판 1쇄 발행** 2024년 10월 18일

| | |
|---|---|
| **지은이** | 황혜진 |
| **펴낸이** | 한기호 |
| **책임편집** | 이선진 |
| **편집** | 서정원, 박혜리, 송원빈 |
| **본부장** | 여문주 |
| **마케팅** | 윤병일, 하미영 |
| **경영지원** | 김윤아 |
| **디자인** | VUE |
| **인쇄** | 예림인쇄 |
| **펴낸곳** | (주)학교도서관저널 |
| | 출판등록 제2009-000231호(2009년 10월 15일) |
| | 주소 | 04029 서울시 마포구 동교로 12안길 14(서교동) 삼성빌딩 A동 3층 |
| | 전화 | 02-322-9677 |
| | 팩스 | 02-6918-0818 |
| | 전자우편 | slj9677@gmail.com |
| | 홈페이지 | www.slj.co.kr |

ISBN 978-89-6915-173-5 03370

ⓒ 황혜진

- 이 책은 저작권법에 따라 보호를 받는 저작물이므로 무단 전재와 무단 복제를 금합니다.
- 책값은 뒤표지에 있습니다.